여러분의 합격을 위한

해커스공무원의 특별 혜택

이중석 선생님의 연표-사료 틀

해커스공무원(gosi.Hackers. … [선생님] 클릭 ▶
[한국사-이중석 선 … 표강좌] 클릭 후 이용

폰 안에 쏙! 블랭크노트 정답(PDF)

해커스공무원(gosi.Hackers.com) 접속 후 로그인 ▶
상단의 [교재 · 서점 → 무료 학습 자료] 클릭 ▶ 본 교재의 [자료받기] 클릭

공무원 한국사 무료 학습자료

해커스공무원(gosi.Hackers.com) 접속 후 로그인 ▶
상단의 [교재 · 서점 → 무료 학습 자료] 클릭 후 이용

온라인 단과강의 20% 할인쿠폰

DADB46F9654C27RJ

해커스공무원(gosi.Hackers.com) 접속 후 로그인 ▶ 상단의 [나의 강의실] 클릭 ▶
좌측의 [쿠폰등록] 클릭 ▶ 쿠폰번호 입력 후 이용

* 등록 후 7일간 사용 가능

이중석 선생님 패스 인강 20% 할인쿠폰

DE4E2A9A27DF262B

해커스공무원(gosi.Hackers.com) 접속 후 로그인 ▶ 상단의 [나의 강의실] 클릭 ▶
좌측의 [쿠폰등록] 클릭 ▶ 위 쿠폰번호 입력 후 이용

* 등록 후 7일간 사용 가능

*** 쿠폰 이용 안내**

1. 쿠폰은 사이트 로그인 후 1회에 한해 등록이 가능하며, 최초로 쿠폰을 인증한 후에는 별도의 추가 인증이 필요하지 않습니다.
2. 쿠폰은 현금이나 포인트로 변환 혹은 환불되지 않습니다.
3. 기타 쿠폰 사용과 관련된 문의는 고객센터(1588-4055)로 연락 주시거나, 1:1 문의 게시판을 이용하시기 바랍니다.

단기 합격을 위한

해커스 커리큘럼

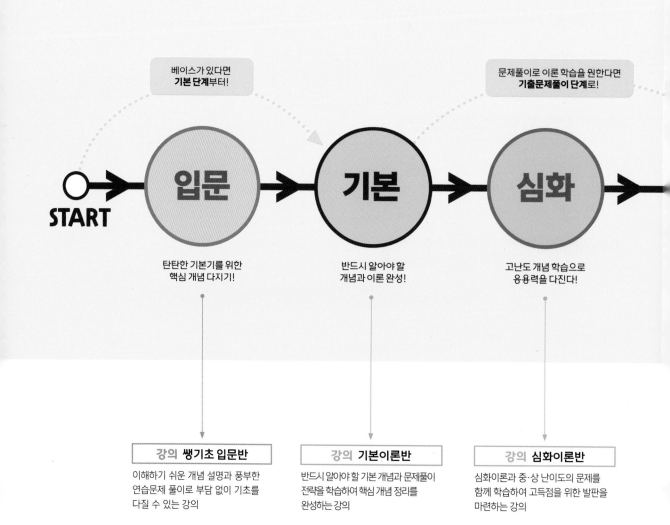

베이스가 있다면
기본 단계부터!

문제풀이로 이론 학습을 원한다면
기출문제풀이 단계로!

START → 입문 → 기본 → 심화 →

입문

탄탄한 기본기를 위한
핵심 개념 다지기!

강의 **쌩기초 입문반**

이해하기 쉬운 개념 설명과 풍부한 연습문제 풀이로 부담 없이 기초를 다질 수 있는 강의

기본

반드시 알아야 할
개념과 이론 완성!

강의 **기본이론반**

반드시 알아야 할 기본 개념과 문제풀이 전략을 학습하여 핵심 개념 정리를 완성하는 강의

심화

고난도 개념 학습으로
응용력을 다진다!

강의 **심화이론반**

심화이론과 중·상 난이도의 문제를 함께 학습하여 고득점을 위한 발판을 마련하는 강의

* 커리큘럼은 과목별·선생님별로 상이할 수 있으며, 자세한 내용은 해커스공무원 사이트에서 확인하세요.

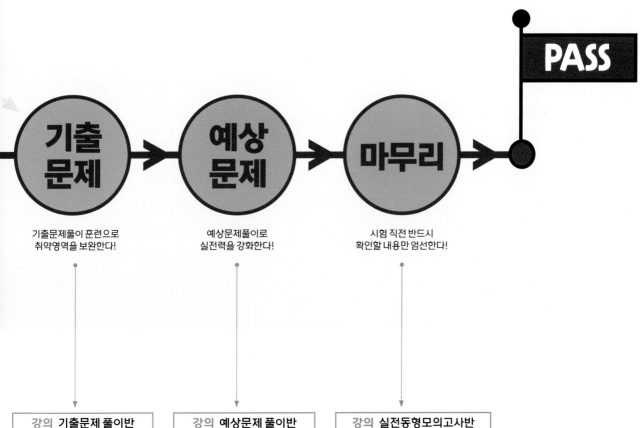

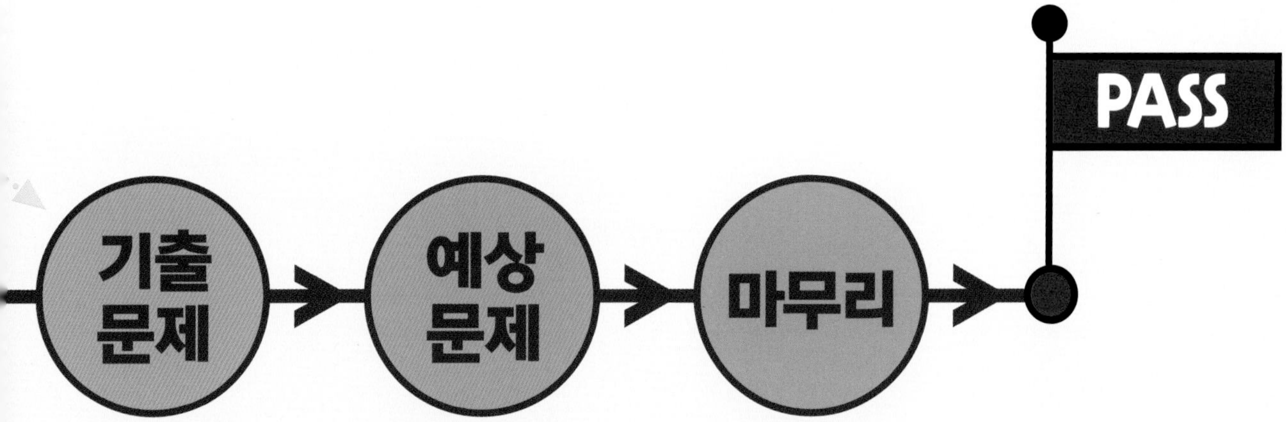

기출문제풀이 훈련으로
취약영역을 보완한다!

예상문제풀이로
실전력을 강화한다!

시험 직전 반드시
확인할 내용만 엄선한다!

강의 기출문제 풀이반

기출문제의 유형과 출제 의도를 이해하고, 본인의 취약영역을 파악 및 보완하는 강의

강의 예상문제 풀이반

최신 출제경향을 반영한 예상 문제들을 풀어보며 실전력을 강화하는 강의

강의 실전동형모의고사반

최신 출제경향을 완벽하게 반영한 모의고사를 풀어보며 실전 감각을 극대화하는 강의

강의 봉투모의고사반

시험 직전에 실제 시험과 동일한 형태의 모의고사를 풀어보며 실전력을 완성하는 강의

해커스공무원
이 중 석

맵핑 한국사

연표 - 사료 블랭크노트

해커스공무원

해커스공무원 이중석 맵핑 한국사
연표-사료 블랭크노트

차례

공무원시험전문 해커스공무원
gosi.Hackers.com

* 해커스공무원(gosi.Hackers.com) 사이트에서 다운로드

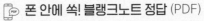

이 책의 구성과 활용법

1 연표로 흐름 잡고 빈출 연도 암기하기!

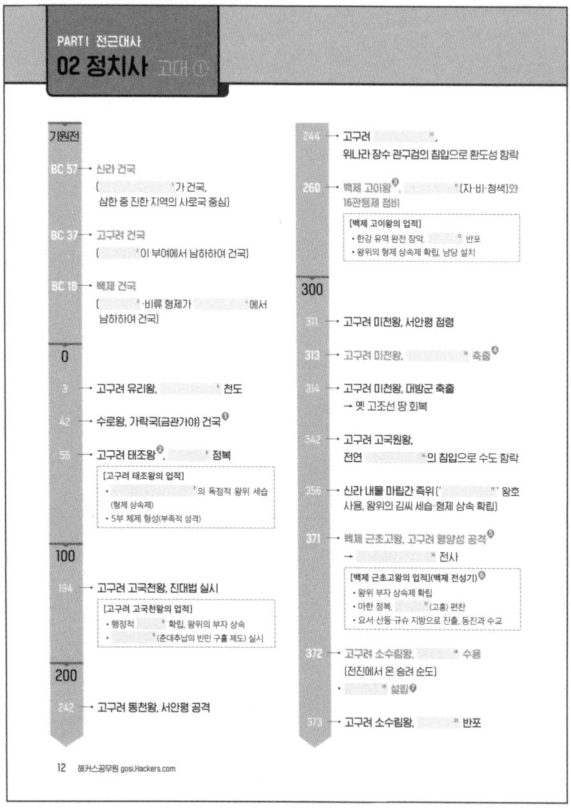

• 매 왼쪽 페이지에 정리된 **연표를 통해 흐름 파악**과 함께 연도별 사건과 정책 등 관련 개념을 학습하세요!

• **집중 암기**해야하는 한국사 **연표의 연도는 굵게, 개념은 초록색 글자와 주황색 글자로 정리**해두었어요!

2 필수 사료만 바로 정리하기!

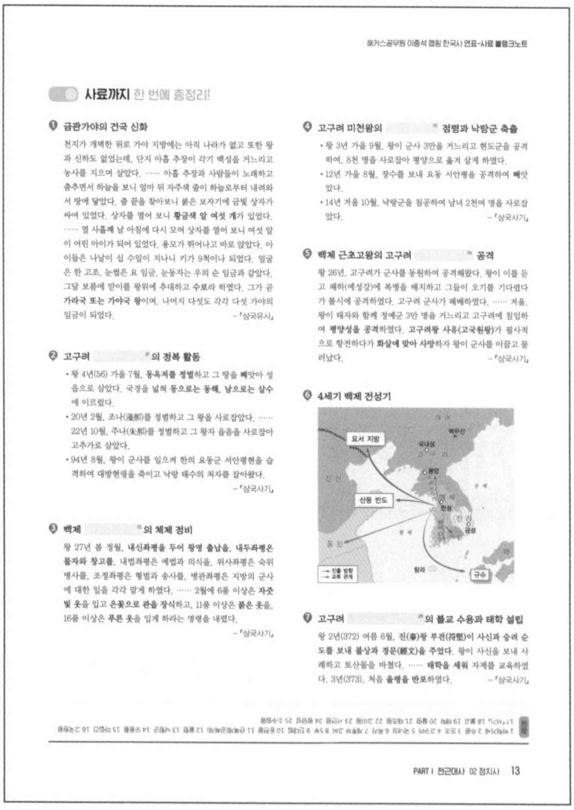

사료까지 한 번에 총정리!
금관가야의 건국 신화
고구려 미천왕의 정령과 낙랑군 축출
백제 근초고왕의 고구려 공격
4세기 백제 전성기
고구려 의 불교 수용과 태학 설립
PART I 전근대사 02 정치사 13

• 연표 바로 옆, 매 오른쪽 페이지에 수록되어 있는 **관련 필수 사료를 한 번에 정리**해보세요. 사료를 연표와 함께 정리하면 훨씬 더 오래 머릿속에 저장될 거에요!

• **사료의 포인트**가 되는 내용은 **더 굵게 표시**해 두었어요.

3 핵심 키워드 빈칸 채우기!

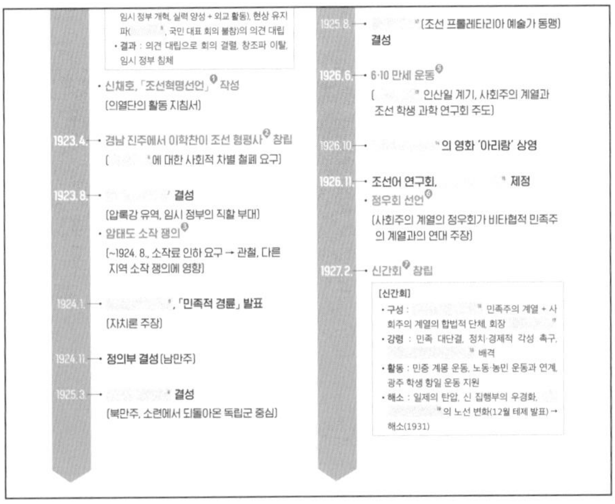

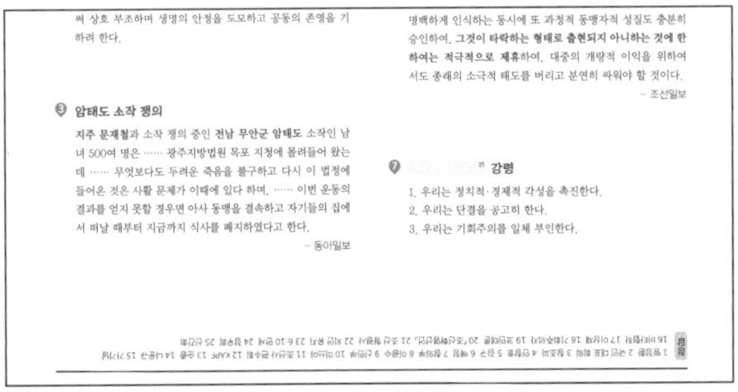

- 빈칸으로 구성된 **핵심 키워드**를 채우며 스스로 **확실하게 암기했는지 점검**해보세요!
- 빈칸의 정답은 오른쪽 <사료까지 한 번에 총정리!> 페이지 하단에서 확인할 수 있어요.

4 부록 '유네스코 세계 유산'과 '왕 계보' 활용하기!

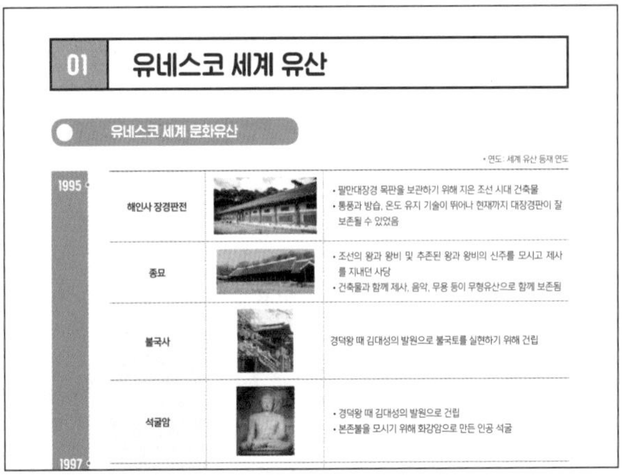

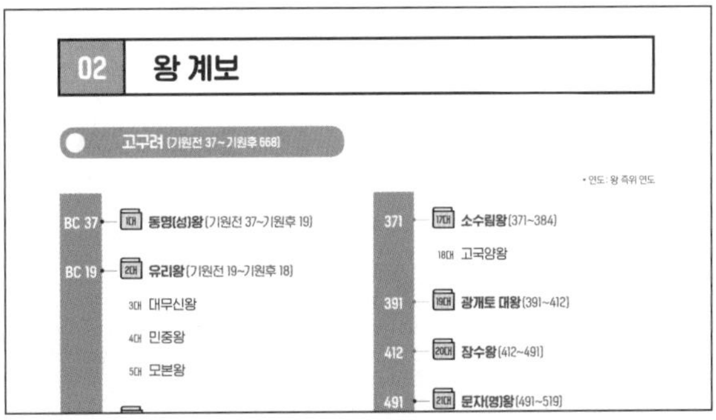

- 최근 공무원 시험에 빈출되는 **<유네스코 세계 유산>**이 부록으로 수록되어 있어요.
- 연표 학습에 필수 자료인 **<왕 계보>**를 본문 학습을 할 때 **수시로 확인하며 활용**해보세요!

PART I

전근대사

01 선사
02 정치사 [고대], [고려], [조선]
03 경제사 [고대], [고려], [조선]
04 사회사 [고대], [고려], [조선]
05 문화사 [고대], [고려], [조선]

01 선사 ①

기원전

BC 70만년 — 구석기 시대❶ 시작

[구석기 시대]

- 생활 모습
  - 도구 : ________[1]와 뼈 도구 사용
  - 경제 : 사냥, 채집, 어로
  - 주거 : 동굴, ________[2], 강가의 ________[3]
  - 사회 : ________[4] 생활, 무리 생활, 평등 사회
  - 예술 : 사냥감의 번성 기원 → 동굴 벽화, 뼈 조각품
- 시기별 도구❷와 유적

시기	도구	유적
전기	주먹 도끼, 찍개	평남 상원 ________[5], 충북 단양 금굴, 경기 ________[6] (아슐리안형 주먹 도끼 출토), 충남 공주 석장리 등
중기	밀개, 긁개, 찌르개	평남 덕천 ________[7] 동굴, 함북 웅기 굴포리, 충북 제천 점말 동굴, 충북 단양 상시리 바위 그늘, 강원 양구 상무룡리 등
후기	________[8]	함북 종성 동관진, 평양 만달리, 충북 제천 창내, 충북 단양 수양개, 충북 ________[9](흥수 아이 발견) 등

BC 1만년경 — ________[10] 시대(간빙기) 시작

→ ________[11] 상승, 동아시아 지형이 현재와 같은 모습으로 변화

[중석기 시대(시기적으로 후기 구석기)]

- 특징 : 기후가 따뜻해지면서 작고 날랜 짐승 등장 → 잔석기·________[12] 도구 제작(활, 창, 작살)
- 유적
  - 남한 : 강원 홍천 하화계리, 경남 통영 상노대도 조개더미 최하층 등
  - 북한 : 평양 만달리, 함북 웅기 부포리 등

BC 8천년경 — 신석기 시대❸ 시작

[신석기 시대]

- 도구
  - ________[13] : 돌낫, 돌삽, 돌칼, 돌보습, 갈돌과 ________[14] 등
  - 수공업 도구: 가락바퀴, 뼈바늘(옷과 그물 제작)
- 토기❹ : 이른 민무늬 토기, 덧무늬 토기, 눌러찍기무늬 토기, 빗살무늬 토기 등
- 경제 : 농경의 시작, ________[15](조·피·수수) + 어로·수렵의 비중이 큼
- 주거 : ________[16](강가나 해안가에 원형·모서리가 둥근 방형), 중앙에 ________[17]·저장 구덩 설치
- 사회 : 정착 생활, ________[18](혈연 중심), 모계 사회
- 예술 : ________[19] 가면, 치레걸이
- 신앙 : 애니미즘, ________[20], 샤머니즘, 조상 숭배·영혼 불멸 신앙
- 유적 : 제주 한경 고산리, 강원 양양 오산리, 부산 동삼동 유적, ________[21] 유적(신석기 시대 집터 발견), 황해도 ________[22], 함북 웅기 굴포리 서포항

BC 2천년경 — 청동기 시대❺ 시작

[청동기 시대]

- 도구❻
  - 청동기 : 무기, 장신구 등으로 사용(비파형동검, ________[23] 거울)
  - 간석기 : 농기구(바퀴날 도끼, 홈자귀, ________[24])
  - 토기 : 민무늬 토기, 미송리식 토기, 송국리형 토기, 붉은 간 토기 등
- 경제 : ________[25] 시작, 밭농사 중심(보리·콩)
- 주거 : 움집(직사각형, 점차 지상 가옥화, 한쪽 벽면에 화덕·저장 구덩을 따로 설치, 주춧돌 이용), 마을 주위에 ________[26]과 환호 시설
- 사회 : 사유 재산 발생 → ________[27] 분화, 남녀 역할 분화(부계 중심 사회)
- 무덤 : ________[28]❼, 돌무지무덤, 돌널무덤
- 예술 : 청동 의기, 선돌, 암각화
- 사상 : 선민사상(________[29]의 등장)
- 유적 : 평북 의주 미송리, 충남 부여 송국리, 울산 검단리, 경기 여주 흔암리 등

사료까지 한 번에 총정리!

❶ 구석기 시대의 유적

❷ 구석기 시대의 도구

30 슴베찌르개

❸ 신석기 시대의 유적

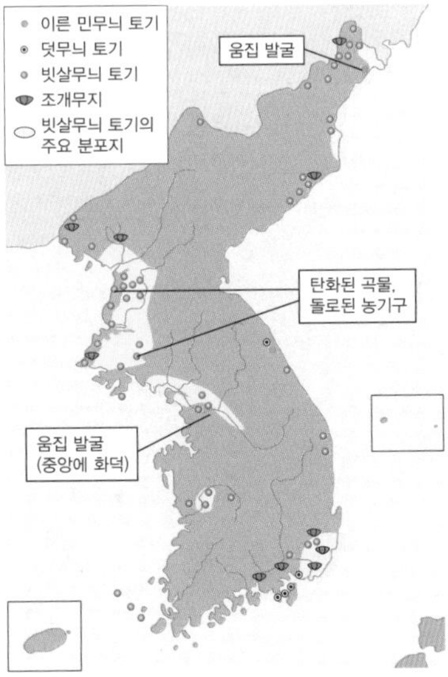

❹ 신석기 시대의 토기

이른 민무늬 토기 덧무늬 토기 31

❺ 청동기 시대의 유적(고조선의 세력 범위)

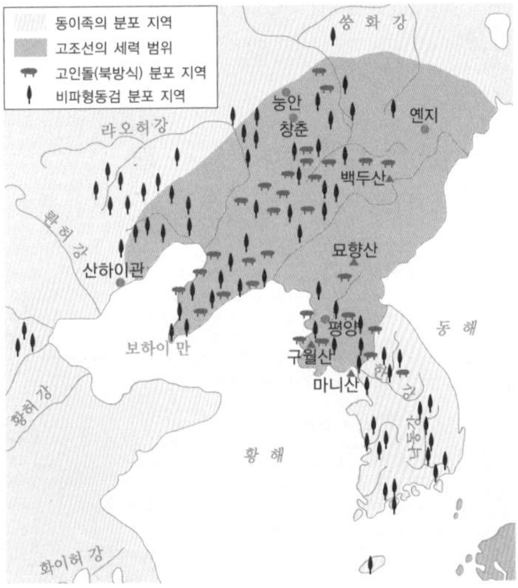

❻ 청동기 시대의 도구

비파형동검 반달 돌칼 32

❼ 탁자식(북방식) 고인돌

정답 1 뗀석기 2 바위 그늘 3 막집 4 이동 5 검은모루 동굴 6 연천 전곡리 7 승리산 8 슴베찌르개 9 청원 두루봉 동굴 10 중석기 11 해수면 12 이음 13 간석기 14 갈판 15 밭농사 16 움집 17 화덕 18 씨족 사회 19 조개껍데기 20 토테미즘 21 서울 암사동 22 봉산 지탑리 23 거친무늬 24 반달 돌칼 25 벼농사 26 목책 27 계급 28 고인돌 29 군장 30 주먹 도끼 31 빗살무늬 토기 32 미송리식 토기

01 선사 ②

기원전

BC 2333 — **고조선❶(____[1] 조선) 건국**

→ 전기 고조선(요령 중심의 ____[2] 문화)

> [고조선의 세력 범위]
> ____[3] 동검, 탁자식(북방식) 고인돌, ____[4] 토기, 거친무늬 거울 중 2개 이상이 공통으로 발견되는 지역

BC 5~4C경 — **철기 시대❷ 시작**

→ 철제 무기와 농기구 제작

> [철기 시대]
> - 도구
>   - 철제 무기와 농기구 제작, 독자적 청동기❸ 제작(____[5] 동검, 잔무늬 거울, 거푸집)
>   - 토기 : 덧띠 토기, ____[6] 토기 등
> - 주거 : 귀틀집, 반움집(지상 가옥), ____[7] 시설(온돌), 대규모 마을 형성
> - 중국과의 교류❹
>   - 중국 ____[8] 사용 : 명도전·____[9]·오수전·왕망전
>   - 붓 출토 : 경남 ____[10] 유적에서 출토 → 한반도 남부까지 한자를 사용했음을 알 수 있음

BC 4C경 — **고조선이 랴오시(요서)를 경계로 연나라와 대립할 만큼 강성**

BC 3C 초 — **연나라 장수 ____[11]의 고조선 침입**

→ 서쪽 영토 상실 → 고조선의 중심지 이동(요동 → ____[12] 유역)

> [후기 고조선]
> - **특징** : 평양 중심의 ____[13] 문화
> - **왕권 강화** : 왕호 사용(____[14]·준왕), 일시적 왕위 세습
> - **관직 정비** : 상, 경, 대부, 박사 등

BC 2C 초 — ____[15]이 연나라에서 고조선으로 망명

BC 194 — **위만 조선 성립❺**

> [위만 조선]
> - **성립** : 위만이 ____[16]을 몰아내고 왕위 찬탈, 준왕은 한반도 남부(익산) 지역으로 남하
> - **발전** : 철기 문화의 본격적 수용, 진·예와 중국의 한 사이에서 ____[17] 전개
> - **정복 활동** : 진번, 임둔 정복
> - **관직 정비** : 왕·태자·비왕·상·대신·경·장군 등의 명칭

BC 128 — **고조선에 복속해 있던 예의 군장 ____[18]가 한(漢)에 투항**

→ 한이 예에 ____[19] 설치

BC 109 — **한 무제의 고조선 침략**

(← 우거왕이 한의 사신 ____[20] 살해)

BC 108 — **왕검성 함락, ____[21] 멸망**

> [고조선의 멸망 과정]
> 고조선에 왔던 한의 사신 섭하가 돌아가는 길에 송별을 맡은 조선 비왕 살해 → 섭하가 요동 동부도위에 임명 → 고조선의 우거왕이 군대를 보내 섭하 살해 → 한 무제의 고조선 침입(BC 109) → 전쟁의 장기화로 고조선 지배층 간 내분(주전론 VS 주화론), ____[22] 피살 → ____[23] 함락·고조선 멸망(BC 108) → 한이 고조선 영토에 ____[24](낙랑·진번·임둔·현도군) 설치

사료까지 한 번에 총정리!

❶ 고조선의 [25]

은나라의 도가 쇠퇴하자 기자가 조선으로 갔다. 백성들에게 예의와 농사, 누에치기, 길쌈을 가르치고 낙랑·조선 백성의 **금법(法) 8조**를 만들었다. **사람을 죽인 자는 바로 죽이고, 남에게 상처를 입힌 자는 곡식으로 배상시킨다. 도둑질을 한 자는, 남자일 경우는 그 집 남자 종으로 만들고 여자는 여자 종으로 만든다. 용서를 받고자 하는 자는 한 사람에 50만 전(錢)을 내게 한다.** 사람들은 비록 노비가 되지 않고 평민이 되어도 이를 수치스럽게 여겼다. 이 때문에 백성들이 도둑질을 하지 아니하였으므로 문단속을 하지 않으며 부인들은 정숙하고 음란하지 않았다. –『한서』「지리지」

❷ 철기 시대의 유적

❸ 철기 시대 독자적 [26] 문화

세형동검

[27] 거울

❹ 철기 시대 [28] 과의 교류를 보여주는 유물

[29]

반량전

창원 다호리에서 출토된 붓

❺ [30] 조선의 성립

- 연왕(燕王) 노관이 한나라를 배반하고 흉노(匈奴)로 들어가자, **만(滿)도 망명**하였다. 무리 천여 명을 모아 상투를 틀고 오랑캐 복장을 하고서 동쪽으로 도망하여 변경을 지나 패수를 건너 진(秦)의 옛 땅인 상하장에 살았다. 점차 진번·조선인과 옛 연·제의 망명자를 복속시켜 거느리고 **왕이 되었으며, 왕검에 도읍을 정하였다.** –『한서』 조선전
- (조선왕) 부가 죽고 아들 준이 왕이 되었다. …… 20여 년이 지나 진승과 항우가 일어나 천하가 어지러워졌다. 연·제·조 백성들이 괴로워하다가 점차 준에게 도망하였다. 준은 이들을 서쪽 지방에 살게 하였다. 한이 노관을 연왕으로 삼자 조선과 연은 패수를 경계로 삼게 되었다. 노관이 한을 배반하고 흉노로 도망한 뒤, **연나라 사람 위만도 망명하여 오랑캐 복장을 하고 동쪽으로 패수를 건너 준에게 항복하였다.** 준을 설득하여 서쪽 경계에 거하며 …… 준이 믿고 총애해 배하여 박사로 삼고 규를 하사하며 백리를 봉해 서쪽 변경을 지키도록 명령하였다. **위만이 망명한 도당을 꾀니 무리가 차츰 많아졌다.** 이에 사람을 보내 준을 속여 고하기를 한나라 병사가 열 갈래 길로 이르렀으니 들어가 숙위하기를 구한다고 하면서 마침내 돌아가 준을 공격하였다. **준과 위만이 싸웠으나 적수가 되지 못하였다.** 그 좌우와 궁인들을 거느리고 달아나 바다로 들어가니, **한(韓)의 땅에 거하면서 한왕이라 호칭하였다.** –『삼국지』「위서」 동이전

정답 1 단군 2 청동기 3 비파형 4 미송리식 5 세형 6 검은 간 7 부뚜막 8 화폐 9 반량전 10 창원 다호리 11 진개 12 대동강 13 철기 14 부왕 15 위만 16 준왕 17 중계 무역 18 남려 19 창해군 20 섭하 21 고조선 22 우거왕 23 왕검성 24 한 군현 25 8조법 26 청동기 27 잔무늬 28 중국 29 명도전 30 위만

02 정치사 고대 ①

기원전

BC 57 — 신라 건국
(______[1]가 건국, 삼한 중 진한 지역의 사로국 중심)

BC 37 — 고구려 건국
(______[2]이 부여에서 남하하여 건국)

BC 18 — 백제 건국
(______[3]·비류 형제가 ______[4]에서 남하하여 건국)

0

3 — 고구려 유리왕, ______[5] 천도

42 — 수로왕, 가락국(금관가야) 건국❶

56 — 고구려 태조왕❷, ______[6] 정복

> [고구려 태조왕의 업적]
> - ______[7]의 독점적 왕위 세습 (형제 상속제)
> - 5부 체제 형성(부족적 성격)

100

194 — 고구려 고국천왕, 진대법 실시

> [고구려 고국천왕의 업적]
> - 행정적 ______[8] 확립, 왕위의 부자 상속
> - ______[9](춘대추납의 빈민 구휼 제도) 실시

200

242 — 고구려 동천왕, 서안평 공격

244 — 고구려 ______[10], 위나라 장수 관구검의 침입으로 환도성 함락

260 — 백제 고이왕❸, ______[11](자·비·청색)와 16관등제 정비

> [백제 고이왕의 업적]
> - 한강 유역 완전 장악, ______[12] 반포
> - 왕위의 형제 상속제 확립, 남당 설치

300

311 — 고구려 미천왕, 서안평 점령

313 — 고구려 미천왕, ______[13] 축출❹

314 — 고구려 미천왕, 대방군 축출
→ 옛 고조선 땅 회복

342 — 고구려 고국원왕, 전연 ______[14]의 침입으로 수도 함락

356 — 신라 내물 마립간 즉위('______[15]' 왕호 사용, 왕위의 김씨 세습·형제 상속 확립)

371 — 백제 근초고왕, 고구려 평양성 공격❺
→ ______[16] 전사

> [백제 근초고왕의 업적](백제 전성기)❻
> - 왕위 부자 상속제 확립
> - 마한 정복, ______[17](고흥) 편찬
> - 요서·산둥·규슈 지방으로 진출, 동진과 수교

372 — 고구려 소수림왕, ______[18] 수용
(전진에서 온 승려 순도)
- ______[19] 설립❼

373 — 고구려 소수림왕, ______[20] 반포

사료까지 한 번에 총정리!

❶ 금관가야의 건국 신화

천지가 개벽한 뒤로 가야 지방에는 아직 나라가 없고 또한 왕과 신하도 없었는데, 단지 아홉 추장이 각기 백성을 거느리고 농사를 지으며 살았다. …… 아홉 추장과 사람들이 노래하고 춤추면서 하늘을 보니 얼마 뒤 자주색 줄이 하늘로부터 내려와서 땅에 닿았다. 줄 끝을 찾아보니 붉은 보자기에 금빛 상자가 싸여 있었다. 상자를 열어 보니 **황금색 알 여섯 개**가 있었다. …… 열 사흘째 날 아침에 다시 모여 상자를 열어 보니 여섯 알이 어린 아이가 되어 있었다. 용모가 뛰어나고 바로 앉았다. 아이들은 나날이 십 수일이 지나니 키가 9척이나 되었다. 얼굴은 한 고조, 눈썹은 요 임금, 눈동자는 우의 순 임금과 같았다. 그달 보름에 맏이를 왕위에 추대하고 **수로**라 하였다. 그가 곧 **가락국 또는 가야국 왕**이며, 나머지 다섯도 각각 다섯 가야의 임금이 되었다.

– 『삼국유사』

❷ 고구려 ______[21]의 정복 활동

- 왕 4년(56) 가을 7월, **동옥저를 정벌**하고 그 땅을 빼앗아 성읍으로 삼았다. 국경을 넓혀 **동으로는 동해, 남으로는 살수**에 이르렀다.
- 20년 2월, 조나(藻那)를 정벌하고 그 왕을 사로잡았다. …… 22년 10월, 주나(朱那)를 정벌하고 그 왕자 을음을 사로잡아 고추가로 삼았다.
- 94년 8월, 왕이 군사를 일으켜 한의 요동군 서안평현을 습격하여 대방현령을 죽이고 낙랑 태수의 처자를 잡아왔다.

– 『삼국사기』

❸ 백제 ______[22]의 체제 정비

왕 27년 봄 정월, **내신좌평을 두어 왕명 출납을, 내두좌평은 물자와 창고를**, 내법좌평은 예법과 의식을, 위사좌평은 숙위 병사를, 조정좌평은 형벌과 송사를, 병관좌평은 지방의 군사에 대한 일을 각각 맡게 하였다. …… 2월에 6품 이상은 **자줏빛 옷**을 입고 **은꽃으로 관을 장식**하고, 11품 이상은 **붉은 옷**을, 16품 이상은 **푸른 옷**을 입게 하라는 명령을 내렸다.

– 『삼국사기』

❹ 고구려 미천왕의 ______[23] 점령과 낙랑군 축출

- 왕 3년 가을 9월, 왕이 군사 3만을 거느리고 현도군을 공격하여, 8천 명을 사로잡아 평양으로 옮겨 살게 하였다.
- 12년 가을 8월, 장수를 보내 요동 서안평을 공격하여 빼앗았다.
- 14년 겨울 10월, 낙랑군을 침공하여 남녀 2천여 명을 사로잡았다.

– 『삼국사기』

❺ 백제 근초고왕의 고구려 ______[24] 공격

왕 26년, 고구려가 군사를 동원하여 공격해왔다. 왕이 이를 듣고 패하(예성강)에 복병을 배치하고 그들이 오기를 기다렸다가 불시에 공격하였다. 고구려 군사가 패배하였다. …… 겨울, 왕이 태자와 함께 정예군 3만 명을 거느리고 고구려에 침입하여 **평양성을 공격**하였다. **고구려왕 사유(고국원왕)**가 필사적으로 항전하다가 **화살에 맞아 사망**하자 왕이 군사를 이끌고 물러났다.

– 『삼국사기』

❻ 4세기 백제 전성기

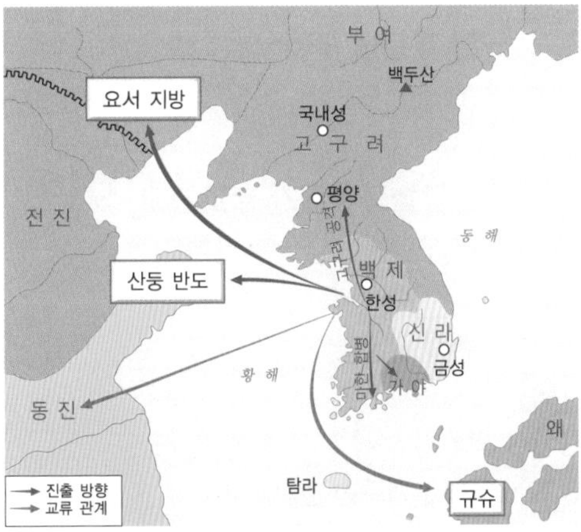

❼ 고구려 ______[25]의 불교 수용과 태학 설립

왕 2년(372) 여름 6월, **진(秦)왕 부견(符堅)이 사신과 승려 순도를 보내 불상과 경문(經文)을 주었다.** 왕이 사신을 보내 사례하고 토산물을 바쳤다. …… **태학을 세워** 자제를 교육하였다. 3년(373), 처음 **율령을 반포**하였다.

– 『삼국사기』

정답 1 박혁거세 2 주몽 3 온조 4 고구려 5 국내성 6 옥저 7 계루부 고씨 8 5부 9 진대법 10 동천왕 11 관복제(공복제) 12 율령 13 낙랑군 14 모용황 15 마립간 16 고국원왕 17『서기』 18 불교 19 태학 20 율령 21 태조왕 22 고이왕 23 서안평 24 평양성 25 소수림왕

02 정치사 고대 ②

300

384 — 백제 ______[1], 불교 수용
(동진에서 온 인도 승려 마라난타)

400

400 — 고구려 광개토 대왕,
신라에 출몰한 ______[2] 격퇴❶

> [고구려 광개토 대왕의 업적]
> - 정복 활동 : 요동 지역 확보, 한강 이북 지역 차지
> - '______[3]' 연호 사용
> - 신라 구원 → 왜구 격퇴(______[4] 그릇)

427 — 고구려 장수왕, ______[5] 천도
→ 남하 정책의 의지 표명

433 — 나·제 동맹 체결
(백제 ______[6] - 신라 눌지 마립간)

457 — 신라 눌지 마립간, 불교 전래
(고구려에서 온 승려 묵호자)

472 — 백제 개로왕, ______[7]에 국서 전송

475 — 고구려 ______[8], 백제 수도 한성 함락❷
(백제 개로왕 전사)
→ 백제 문주왕, ______[9] 천도

> [고구려 장수왕의 업적](고구려 전성기)❸
> - 남북조와 수교, 지두우 분할 점령 → 흥안령 일대 초원 지대 장악
> - 남북조 동시 외교
> - 남하 정책 전개, 죽령~남양만 일대까지 영토 확장

493 — 백제와 신라의 결혼 동맹❹ 체결
(백제 ______[10] - 신라 소지 마립간)

494 — 고구려 문자왕, ______[11] 복속
→ 고구려 최대 영토 확보

500

503 — 신라 ______[12], 국호 '신라', 왕호 '왕' 사용

512 — 신라 지증왕, ______[13] 정벌(이사부)

> [신라 지증왕의 업적]❺
> - 한화 정책 실시(국호 '신라', '왕' 칭호 사용)
> - 우산국(울릉도) 정복, ______[14] 금지
> - 지방의 주·군 정비, 주에 군주 파견
> - ______[15] 장려, 동시·동시전 설치

520 — 신라 ______[16], 율령 반포

521 — 백제 무령왕, 중국 남조의 양나라와 수교

> [백제 무령왕의 업적]
> ______[17] 설치(왕족 파견), 고구려·말갈의 침입 격퇴, 일본에 오경 박사 파견

522 — 신라 법흥왕, 대가야(이뇌왕)와 결혼 동맹 체결

527 — 신라 법흥왕, 불교 공인(______[18]의 순교)

532 — 신라 법흥왕, ______[19] 정복

536 — 신라 법흥왕, 독자적 연호 '______[20]' 사용

> [신라 법흥왕의 업적]❻
> - 병부와 상대등 설치, 17관등제·골품제 정비, 공복 제정
> - 율령 반포, 불교 공인, 금관가야 정복

사료까지 한 번에 총정리!

❶ 고구려 ______[21] 의 왜구 격퇴(신라 구원)

(영락) 9년(399) 기해에 **백제가 서약을 어기고 왜와 화통하므로**, 왕은 평양으로 순수해 내려갔다. **신라가 사신을 보내 왕에게 말하기를**, '왜인이 그 국경에 가득 차 성을 부수었으니, **노객은 백성된 자로서 왕에게 귀의하여 분부를 청한다.**'라고 하였다. …… **10년(400) 경자에 보병과 기병 5만을 보내 신라를 구원하게 하였다.** …… 관군이 이르자 왜적이 물러가므로, 뒤를 급히 추격하여 임나가라의 종발성에 이르렀다. 성이 곧 귀순하여 복종하므로, 순라병을 두어 지키게 하였다. 신라의 농성을 공략하니 왜구는 위축되어 궤멸되었다.

– 광개토 대왕릉비 비문

❷ 고구려 장수왕의 ______[22] 함락

- **고구려왕 거련(居蓮)**이 몸소 군사를 거느리고 백제를 공격하였다. 백제왕 경(개로왕)이 아들 문주를 보내 구원을 요청하였다. 왕이 군사를 내어 구해주려 했으나 미처 도착하기도 전에 백제가 이미 무너졌다. 경 또한 피살되었다.
- 63년 9월, 왕이 군사 3만을 거느리고 백제를 침략하여 **백제 도읍인 한성을 함락하였다. 백제왕 부여경(개로왕)을 죽이고 남녀 8천 명을 포로로 잡아 돌아왔다.** –『삼국사기』

❸ 5세기 고구려 전성기

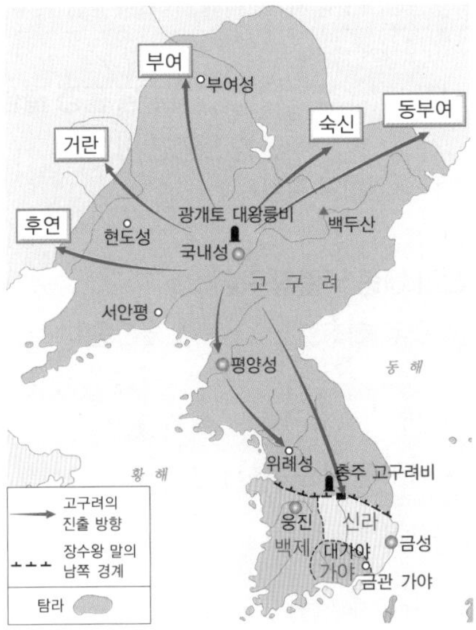

❹ 백제와 신라의 ______[23] 동맹

소지 마립간 15년(493) **백제왕 모대(동성왕)가 사신을 보내 혼인을 청하매, 왕은 이벌찬(伊伐飡) 비지(比智)의 딸을 보냈다.** …… 17년 8월에 고구려가 백제 치양성을 포위하여 백제가 구원을 청하자 왕이 덕지(德智)에게 명하여 군사를 이끌고 가서 구원하게 하니, 고구려 군대가 무너져 달아났다. –『삼국사기』

❺ 신라 ______[24] 의 업적

- 4년, 여러 신하들이 아뢰기를, "…… **'신(新)'은 덕업이 나날이 새로워진다는 뜻이요, '라(羅)'는 사방을 모두 망라한다는 뜻이므로, 나라 이름으로 '신라'로 삼는 것이 옳다고 생각합니다.** …… 이제 여러 신하들이 한뜻으로 삼가 '신라 국왕'이라는 칭호를 올립니다."라고 하였다. 왕이 이를 따랐다.
- 6년, 왕이 몸소 나라 안의 주(州)·군(郡)·현(縣)을 정하였다. 실직주를 설치하고 이사부를 군주로 임명하였다. '군주' 칭호는 이때 시작되었다.
- 13년, **우산국이 항복하여 해마다 토산물을 바치기로 하였다.** 우산국은 명주의 정동쪽 바다에 있는 섬으로, 울릉도라고도 한다. –『삼국사기』

❻ 신라 법흥왕의 업적

- 왕 4년, 처음으로 **병부(兵部)를 설치**하였다.
- 7년 봄 정월, **율령을 반포**하고 처음으로 **모든 관리의 관복을 제정**하였다. 붉은빛과 자줏빛으로 위계를 정하였다.
- 15년, **불교를 처음으로 시행**하였다.
- 18년, 이찬 철부를 상대등에 임명하고 나랏일을 총괄하게 하였다. 상대등의 관직은 이때 처음 생겼는데, 지금(고려)의 재상과 같다.
- 19년, 금관국왕 김구해가 왕비와 세 아들과 함께 나라의 보물을 가지고 와서 항복하였다. 왕이 예로 대우하여 높은 벼슬을 주고 금관국을 식읍으로 주었다. 아들 무력은 벼슬이 각간에 이르렀다.
- 23년, 처음으로 **연호를 정하여 건원 원년**이라 하였다.

–『삼국사기』

정답 1 침류왕 2 왜구 3 영락 4 호우명 5 평양 6 비류왕 7 북위 8 장수왕 9 웅진 10 동성왕 11 부여 12 지증왕 13 우산국 14 순장 15 우경 16 법흥왕 17 22담로 18 이차돈 19 금관가야 20 건원 21 광개토 대왕 22 한성 23 결혼 24 지증왕

02 정치사 고대 ③

500

538 — 백제 성왕, ____[1] 천도, '____[2]'로 국호 개칭

> [백제 성왕의 업적]❶
> - 중앙 관청을 ____[3]로 확대·정비, 5부(수도)·5방(지방) 체제 정비, 16관등제 확립
> - 한강 하류 지역 일시 회복(신라와 연합)

545 — 신라 ____[4], 『국사』 편찬(____[5])

551 — 신라 진흥왕, 한강 상류 지역 확보

552 — 백제 성왕, 일본에 승려 ____[6] 파견

553 — 나·제 동맹 결렬

> [나·제 동맹 결렬]
> - 신라 진흥왕의 배신으로 백제는 ____[7] 하류 지역 상실 → 백제가 신라의 관산성 공격
> - 신라 진흥왕은 한강 하류 지역 확보, 신주(新州) 설치

554 — 백제 성왕, ____[8] 전투(성왕 전사)

562 — 신라 진흥왕, ____[9] 정복

> [신라 진흥왕의 업적]❷ (신라 전성기)❸
> - ____[10] 정비(국가적인 조직으로 개편), 『국사』 편찬, 불교 장려(____[11] 건립, 566)
> - '개국', '대창', '홍제' 연호 사용
> - 영토 확장 : 4개의 ____[12]와 단양 적성비 건립, 대가야 정복

590 — 고구려 영양왕, 한강 유역 공격(온달 장군)

598 — 고구려 ____[13], 수의 요서 지방 선제공격

600

612 — 고구려 영양왕, ____[14] (을지문덕❹, 살수에서 수나라 군대 격파)

631 — 고구려 영류왕, 천리장성 축조 시작 (~647년 축조 완성, 부여성~비사성)

642 — 백제 의자왕, 신라의 ____[15] 함락❺
- 고구려 ____[16]의 정변 → 보장왕 옹립

645 — 고구려 보장왕, ____[17] (고구려가 당 태종의 군대 격파)

647 — 신라 선덕여왕, 비담·염종의 난 → 선덕여왕 사후 김춘추·김유신 등이 진압

> [신라 선덕여왕의 업적]
> - ____[18](자장의 건의), 첨성대 건립
> - 분황사, 분황사 모전 석탑, 영묘사 건립

648 — 신라 ____[19], 나·당 동맹 결성❻ (____[20]와 당 태종 간의 연합, 나·당 연합군 결성)

654 — 신라 태종 무열왕 즉위 (김춘추, 최초의 ____[21] 출신 왕)

660 — 백제 ____[22], 백제 멸망 → 당이 웅진 도독부 설치

> [백제의 멸망]
> ____[23] 전투❼(백제 계백 vs 신라 김유신) → 백제 지배층의 내분으로 나·당 연합군이 ____[24] 함락 → 백제 멸망 → 백제 부흥 운동 전개 → 복신·도침(주류성), ____[25](임존성), ____[26] 전투(663) → 부흥 운동 실패

사료까지 한 번에 총정리!

❶ 백제 　　　　[27]의 업적

왕 16년 봄, **도읍을 사비로 옮기고, 국호를 남부여라고 하였다.** … 26년, 고구려왕 평성(양원왕)이 예와 공모하여 한수 북쪽에 있는 독산성을 공격해왔다. 왕이 신라에 사신을 보내 구원을 요청하였다. 신라왕이 장군 주진을 시켜 갑병 3천 명을 거느리고 떠나게 하였다. 주진은 밤낮으로 행군하여 독산성 아래에 이르렀는데, 그곳에서 고구려 군사들과 일전을 벌여 크게 이겼다. －『삼국사기』

❷ 신라 진흥왕의 업적

- 왕 6년, 왕이 **대아찬 거칠부 등에게 명하여** 선비들을 모아서 **(국사를) 편찬**하게 하였다.
- 15년, 백제왕 명농(성왕)이 가량과 함께 와서 관산성을 공격하였다. …… 비장인 삼년산군의 고간 도도가 재빨리 공격하여 백제왕을 죽였다. 이에 모든 군사들이 승세를 타고 크게 이겼다.
- 16년, 왕이 **북한산을 순행**하여 국경을 정하였다.
- 37년, 처음으로 **원화(源花) 제도**를 두었다. －『삼국사기』

❸ 6세기 신라 전성기

❹ 을지문덕의 여수장우중문시

신묘한 계책은 천문을 꿰뚫었고, 기묘한 계획은 지리를 통달하였구나. 싸움마다 이겨 공이 이미 높았으니, 만족함을 알고 그만둠이 어떠리. －『삼국사기』

❺ 백제 　　　　[28]의 대야성 함락

왕 2년 8월, **장군 윤충을 보내 군사 1만 명을 거느리고 신라 대야성을 공격하였다.** 성주 품석이 처자를 데리고 나와 항복하였다. 윤충이 그들을 모두 죽이고 그의 목을 베어 서울에 보내고 남녀 1천여 명을 사로잡아 서쪽 지방 주, 현에 나누어 살게 하였다. 군사를 남겨 그 성을 지키게 하였다. 왕이 윤충의 공로를 표창하여 말 20필과 곡식 1천 석을 주었다. －『삼국사기』

❻ 나·당 동맹 결성

왕 2년(648), **이찬(伊湌) 김춘추(金春秋)와 그의 아들 문왕(文王)을 당(唐)나라에 보내 조공하였다.** …… 어느 날 태종이 김춘추를 불러 사사로이 만나서 금과 비단을 매우 후하게 주고 묻기를 "경(卿)은 무슨 생각을 마음에 가지고 있는가?"라고 하였다. 김춘추가 무릎을 꿇고 아뢰기를 "신(臣)의 나라는 바다 모퉁이에 치우쳐 있으면서도 천자(天子)의 조정을 섬긴 지 여러 해가 되었습니다. 그런데 백제는 강하고 교활하여 여러 차례 함부로 침략해 왔습니다. 더욱이 지난해에는 대군을 거느리고 침입하여 수십 개의 성을 함락시켜 조회할 길을 막았습니다. **만약 폐하께서 당나라의 군사를 빌려주어 흉악한 것을 잘라 없애지 않는다면** 저희 나라의 인민은 모두 포로가 될 것이며, **산 넘고 바다 건너 행하는 조회도 다시는 바랄 수 없을 것입니다.**"라고 하였다. **태종이 크게 동감하고 군사를 보낼 것을 허락하였다.** －『삼국사기』

❼ 황산벌 전투

김유신 등이 황산 들판으로 진군하였다. **백제 장군 계백**이 병사를 거느리고 와서 먼저 험한 곳을 차지하여 세 군데에 **진을 치고 기다렸다.** 유신 등이 병사를 세 길로 나누어 **네 번 싸웠으나 이기지 못하였다.** …… 이렇게 위급할 때 목숨을 바친다면 충과 효 두 가지를 다하게 된다. 반굴이 명을 받들겠습니다. 하고 곧장 적진에 뛰어들어 힘을 다해 싸우다 죽었다. －『삼국사기』

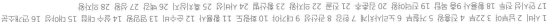

정답 1 사비 2 남부여 3 22부 4 진흥왕 5 거칠부 6 노리사치계 7 한강 8 관산성 9 대가야 10 화랑도 11 황룡사 12 순수비 13 영양왕 14 살수 대첩 15 대야성 16 연개소문 17 안시성 전투 18 황룡사 9층 목탑 19 진덕여왕 20 김춘추 21 진골 22 의자왕 23 황산벌 24 사비성 25 흑치상지 26 백강 27 성왕 28 의자왕

02 정치사 고대 ④

600

661 — 신라 문무왕 즉위

663 — 백(촌)강 전투 → 백제·왜 연합군 패배
- 당이 경주에 ______[1] 설치

665 — 취리산 회맹
(당의 화친 서약 강요 : 신라 ______[2] - 백제 부여융)

668 — 고구려 ______[3], 고구려 멸망
→ 당이 평양에 안동 도호부 설치

> [고구려의 멸망]
> 계속된 전쟁으로 인한 국력 소모와 지배층 내분 → 나·당 연합군이 ______[4] 함락 → 고구려 멸망 → 고구려 부흥 운동 전개 → ______[5]은 한성(황해도 재령)에서 안승을 왕으로 받들며 부흥 운동 전개, 고연무는 오골성에서 부흥 운동 전개 → 부흥 운동 실패

671 — 신라 문무왕, 소부리주 설치(웅진 도독부 축출)

674 — 신라 문무왕, ______[6]을 보덕국 왕에 봉함

675 — 신라 문무왕, ______[7] 전투 승리
(나·당 전쟁의 주도권 장악)

676 — 신라 문무왕, ______[8] 전투 승리
→ 나·당 전쟁 승리
→ 신라 ______[9], 삼국 통일

> [나·당 전쟁❶]
> - 배경 : 당의 한반도 지배 야욕 → ______[10](660), 계림 도독부(663), 안동 도호부(668) 설치
> - 전개 : 신라가 매소성 전투(675), 기벌포 전투(676)에서 승리 → 신라의 삼국 통일 완성(대동강~원산만 이남)

681 — 신라 신문왕 즉위❷, ______[11]의 모역 사건
→ 귀족 세력 숙청(왕권 강화)

682 — 신라 신문왕, ______[12] 설립, 감은사 창건

684 — 보덕국 고구려 유민의 반란[안승의 조카 (대문의 반란)] → 진압

687 — 신라 신문왕, ______[13] 지급

689 — 신라 신문왕, 녹읍 폐지

> [신라 신문왕의 업적]
> - 왕권 강화 : 김흠돌의 난 진압, 관료전 지급·녹읍 폐지, 만파식적 설화❸(강력한 왕권 상징) 전래
> - 체제 정비 : 집사부 등 14부 체제 정비, 9주 ______[14] 설치, ______[15] 10정 편성

698 — ______[16]이 동모산에 진(발해) 건국❹

700

713 — 발해 고왕, 당으로부터 '발해 군왕'에 책봉
→ 국호를 발해❺로 변경

722 — 신라 ______[17], 정전 지급

732 — 발해 무왕, ______[18]의 수군으로 당의 산둥 반도 선제 공격
→ 당의 요청으로 신라가 발해 공격(733)

> [발해 무왕(대무예)의 업적]
> - 북만주 일대 장악, 당과 대립, 돌궐·일본과 우호❻ (당·신라 견제 목적)
> - '인안' 연호 사용
> - 일본에 보낸 국서에 고구려 계승 국가임을 표방

사료까지 한 번에 총정리!

❶ 고구려와 백제의 부흥 운동과 나·당 전쟁

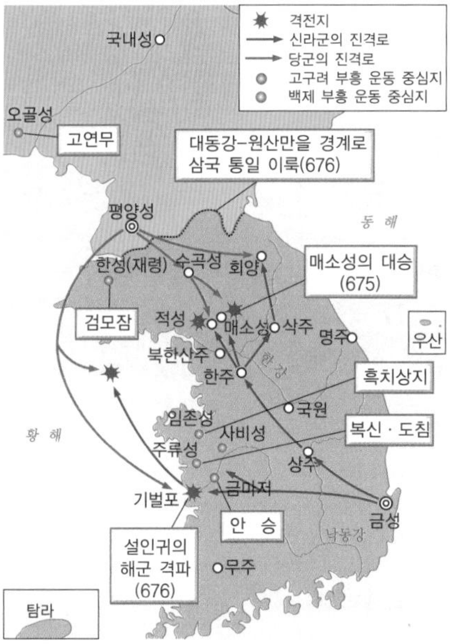

❷ 신라 [19] 즉위년 교서

16일에 왕은 교서를 내렸다. "공이 있는 자에게 상을 주는 것은 옛 성인의 좋은 규정이요, 죄진 자에게 벌을 내리는 것은 선왕의 훌륭한 법이다. …… 그런데 상중(喪中)에 서울에서 반란이 일어날 줄을 어찌 생각이나 했겠는가? **반란 괴수 흠돌, 흥원, 진공 등은** 벼슬이 자신의 재주로 오른 것이 아니고, 관직은 실로 성은으로 오른 것인데도, 높은 지위에 올라 제 마음대로 위세를 부렸다. **흉악한 무리를 끌어모으고 궁중 내시들과 결탁하여 반란을 일으키고자 하였다.** …… 그러므로 군사를 모아 이 무도한 자들을 없애려 하였다. (그들 무리 가운데) 어떤 자는 산골짜기로 도망가고 어떤 자는 궁궐에 와서 투항하였다. 철저히 수색하여 잔당들을 모두 잡아 죽였고 우두머리들도 소탕하였다. 마지못하여 취한 조치였으나 사람들을 놀라게 했으니 근심스럽고 부끄러운 마음을 어찌 한시라도 잊을 수 있으랴." -『삼국사기』

❸ [20] 설화

왕(신문왕)이 행차에서 돌아와 그 **대나무로 피리를 만들어** 월성의 천존고(天尊庫)에 간직하였다. 이 피리를 불면 적병이 물러가고 병이 나으며, 가뭄에는 비가 오고 장마에는 날씨가 개며, 바람이 잦아지고 물결이 평온해졌다. 이를 **만파식적으로 부르고 나라의 보물이라 칭하였다.** -『삼국유사』

❹ 대조영의 [21] 건국

발해 말갈의 대조영은 본래 고구려의 별종이다. 고구려가 망하자 대조영은 그 무리를 이끌고 영주로 이사하였다. …… 대조영은 드디어 그 무리를 이끌고 동쪽 계루의 옛 땅으로 들어가 **동모산을 거점으로 하여 성을 쌓고 거주하였다.** 대조영은 용맹하고 병사 다루기를 잘하였으므로, 말갈의 무리와 고구려의 남은 무리가 점차 그에게 들어갔다. -『구당서』

❺ 발해의 주민 구성

발해는 고구려 옛 땅에 세운 나라이다. …… 그 넓이가 2천 리이고, 주·현의 숙소나 역은 없으나 곳곳에 마을이 있는데, 모두 말갈의 마을이다. **그 백성은 말갈인이 많고 원주민이 적다.** 모두 원주민을 마을의 우두머리로 삼는데, 큰 촌은 도독이라 하고, 다음은 자사라 하고, (이들 마을의 우두머리를) 그 아래 백성들이 모두 수령이라 부른다. -『유취국사』

❻ 발해의 대외 관계

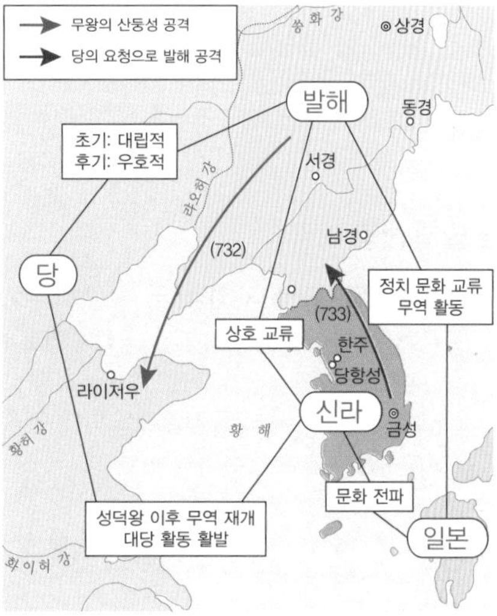

정답 1 계림 도독부 2 문무왕 3 보장왕 4 평양성 5 검모잠 6 안승 7 매소성 8 기벌포 9 문무왕 10 웅진 도독부 11 김흠돌 12 국학 13 관료전 14 녹읍 15 9서당 16 대조영
17 성덕왕 18 장문휴 19 신문왕 20 만파식적 21 발해

02 정치사 고대 ⑤

700

737 → 발해 문왕 즉위

756 → 발해 문왕, ______[1]로 천도

[발해 문왕(대흠무)의 업적]
- 당과 친선 관계 수립, 3성 6부 체제 정비, 주자감 설치, ______[2] 개설
- 중경 → 상경 → 동경 천도
- '______[3]'·'보력' 연호 사용, 일본에 보낸 국서에 '고려 국왕' 자칭, 전륜성왕·황상 칭호 사용

757 → 신라 ______[4], 녹읍 부활

762 → 발해 ______[5], 당으로부터 '발해 국왕'으로 승격·책봉됨

780 → 신라 혜공왕, ______[6]의 난❶ → 혜공왕 피살, 신라 하대 시작

788 → 신라 ______[7], 독서삼품과 실시

800

818 → 발해 선왕 즉위

[발해 선왕(대인수)의 업적]
- 말갈족 복속, 요동 지방 진출 → 최대 영토 확보 (당으로부터 '______[8]'이라 불림)
- 5경 ______[9] 62주 지방 제도 마련, '건흥' 연호 사용

822 → 신라 ______[10], 김헌창의 난❷

828 → 신라 흥덕왕, 장보고의 ______[11] 설치

839 → 장보고가 민애왕을 몰아내고 신무왕 옹립❸

889 → 신라 ______[12], 원종과 애노의 난❹

892 → 신라 진성여왕, ______[13]의 무진주 습격

894 → 신라 진성여왕, 양길의 명주 함락

896 → 신라 진성여왕, ______[14]의 난

900

900 → 견훤, 후백제 건국❺

[후백제(900~936)]
- 견훤이 ______[15]에서 건국
- 우세한 경제력과 지방 호족 세력을 토대로 발전
- 중국의 ______[16] 및 후당과 외교 관계 체결
- 한계 : 신라에 적대적, 지나친 조세 수취, 호족 포섭 실패

901 → 궁예❻, ______[17] 건국 → 후삼국 시대 형성❼

[후고구려(901~918)]
- 건국 : 궁예가 송악(개성)을 도읍으로 하여 건국 → ______[18]으로 천도(905)
- 국호 변경 : 후고구려 → ______[19](904) → 태봉(911)
- 체제 정비 : ______[20]을 비롯한 관서 설치 및 9관등제 실시
- 한계 : 지나친 조세 수취, ______[21] 신앙을 이용한 전제 정치 도모

사료까지 한 번에 총정리!

❶ 김지정의 난

혜공왕 16년 2월, **이찬 김지정이 반란을 일으켜서** 무리를 모아 궁궐을 에워싸고 공격하였다. 4월에 **상대등 김양상과 이찬 김경신이 병력을 일으켜 김지정을 죽였으나,** 왕과 왕비는 난을 일으킨 병사들에게 살해되었다. -『삼국사기』

❷ 김헌창의 난

헌덕왕 14년, **웅천주 도독 김헌창**은 그의 아버지 주원이 왕이 되지 못하였다는 이유를 내세워 반역을 하였다. **나라 이름을 장안, 연호를 경운**이라 하였다. 무진주, 완산주, 청주, 사벌주의 네 주 도독과 국원경, 서원경, 금관경의 지방관들과 여러 군현 수령들을 위협하여 자기 소속으로 삼았다. -『삼국사기』

❸ 장보고의 정치 활동

신무대왕이 잠저에 있을 때 협사 궁파(장보고)에게 말하기를, "내겐 이 세상에서 같이 살 수 없는 원수가 있소. 그대가 나를 위해 그(민애왕)를 없애 주고, 내가 왕위에 오르면 그대의 딸을 왕비로 삼겠소."라고 하였다. 궁파는 이를 허락하고 마음과 힘을 같이하여 **군사를 일으켜 수도로 쳐들어가 일을 성공**시켰다. -『삼국유사』

❹ ____[22] 의 난

진성왕 3년, 국내 여러 주, 군이 세금을 바치지 않아 국고가 비고 나라 살림이 어려웠다. **왕이 사자를 보내어 독촉하자 도적이 벌떼처럼 일어났다.** 이때 **원종, 애노 등이 사벌주(경북 상주군)에서 반란**을 일으키니 왕이 영기에게 잡도록 명령하였다. 그러나 영기는 적진을 쳐다보고는 두려워하여 나아가지 못하였다. -『삼국사기』

❺ 견훤의 ____[23] 건국

견훤이 서쪽으로 순행하여 완산주(전주)에 이르니 백성들이 견훤을 환영하였다. 견훤은 기뻐하며 사람들에게 말하였다. "내가 삼국의 역사를 돌이켜 보니, 마한이 먼저 일어나고 후에 혁거세가 나타났다. 백제는 금마산에서 나라를 세워 역사가 6백여 년이 되었다. …… 지금 내가 완산에 도읍하여 의자왕의 오랜 울분을 씻지 않겠는가?" **마침내 스스로 후백제왕이라 일컬으며 관부를 설치하고 직책을 나누었다.** -『삼국사기』

❻ 궁예

궁예는 신라 사람으로, 성은 김씨이고, 아버지는 제47대 헌안왕 의정이며, 어머니는 헌안왕의 후궁이었다. …… **머리를 깎고 승려가 되어 스스로 선종(善宗)이라 이름**하였다. 신라 말에 정치가 잘못되고 백성이 흩어져 지방의 주현들이 반란 세력에 따라 붙는 자가 거의 반에 이르고 먼 곳과 가까운 곳에서 도적들이 벌떼처럼 일어나 그 아래에 백성이 개미처럼 모여드는 것을 보고 이런 혼란기를 틈타 무리를 모으면 자신의 뜻을 이룰 수 있다고 생각하여 대순 2년 신해년에 죽주의 도적 괴수 기훤에게 의탁하였다. 기훤이 얕보고 거만하게 대하자, 경복 원년 임자년에 북원의 도적 양길에게 의탁하니, **양길이 잘 대우하여 일을 맡기고 드디어 병사를 나누어 주어 동쪽으로 땅을 점령**하도록 하였다. -『삼국사기』

❼ 후삼국 시대 형성

정답 1 상경 용천부 2 신라도 3 대흥 4 경덕왕 5 문왕 6 김지정 7 원성왕 8 해동성국 9 15부 10 헌덕왕 11 청해진 12 진성여왕 13 견훤 14 적고적 15 완산주(전주) 16 오월 17 후고구려 18 철원 19 마진 20 광평성 21 미륵 22 원종과 애노 23 후백제

02 정치사 고려 ①

900

918 — **태조 왕건, 고려 건국**

> **[태조 왕건의 업적]**
> - 민생 안정 : 취민유도(조세 감면), ______[1] 설치
> - 호족 회유 및 견제 : 혼인 정책, 사성(賜姓) 정책, 역분전 지급, ______[2] 제도와 기인 제도❶ 시행
> - 북진 정책 : ______[3] 중시, 청천강~영흥만까지 영토 확장
> - 정치 안정 도모 : 『정계』, ______[4] 저술, 훈요 10조 반포❷
> - 숭불 정책 : ______[5]·팔관회 장려

926 — ______[6] 멸망(거란 야율아보기의 공격)

935 — 신라 멸망(______[7]의 항복)

936 — **후백제 멸망❸, 고려의 후삼국 통일**

> **[고려의 후삼국 통일 과정]**
> 공산 전투(927, 후백제 승리) → ______[8] 전투(930, 고려 승리) → 발해 유민 흡수(934) → 신라 병합(935) → 선산 일리천 전투(936, 고려 승리)

942 — 태조, ______[9] 사건
(발해를 멸망시킨 거란 배척)

943 — 혜종 즉위
(태조 왕건 사후 왕권 불안정)

945 — 혜종, ______[10]의 난 → 정종 즉위

947 — 정종, 광군 조직 · 광군사 설치

956 — **광종, ______[11] 실시❹**
→ 호족의 경제적·군사적 기반 약화, 국가 재정 확충, 왕권 강화

958 — **광종, ______[12]의 건의로 과거 제도 실시**
(신구 세력의 교체 도모)

> **[광종의 업적]**
> - 공복 제정 : 백관의 ______[13] 제정(자·단·비·녹)
> - 칭제건원 : 국왕의 권위를 높이기 위해 황제라 칭함, '______[14]'·'준풍' 등 독자적 연호 사용
> - 불교 융성 : 승과 제도 정비, 국사·왕사 제도
> - 민생 안정 : 주현공부법 실시, ______[15] 설치

962 — 광종, 송과 수교
→ 독자적 연호 폐지, 송의 연호 사용(963)

983 — 성종, 전국에 ______[16] 설치, 지방관인 ______[17] 파견

992 — 성종, ______[18] (국립 대학) 설치

> **[성종의 업적]**
> - 유교 정치 이념 확립 : 최승로❺의 '______[19]' 수용(국자감 정비, 팔관회와 연등회 폐지, 문신 월과법 제정, 향학 설치 등)
> - 중앙 체제 정비 : ______[20] 설치(당의 3성 6부 영향), 중추원과 ______[21] 설치(송의 관제 영향), ______[22]와 식목도감 설치(고려의 독자적 기구)
> - 지방 체제 정비 : 12목 설치, 향리 제도 마련
> - 사회 정책 : 의창과 상평창 설치, 재면법 실시, 노비환천법 시행

993 — **성종, 거란의 1차 침입**
→ 서희의 외교 담판❻, ______[23] 획득

사료까지 한 번에 총정리!

❶ 사심관 제도와 [24] 제도

- 태조 18년(935), 신라의 왕 김부가 내항해오자 신라국을 없애서 경주로 삼고, **김부를 경주의 사심관으로 임명**하여 부호장 이하의 관직 등에 관한 일을 맡게 하였다. 이에 여러 공신들 역시 이를 본받아 **각각 자기 주(州)의 사심관이 되게 하였으니**, 사심관은 여기에서 비롯되었다.
- 국초에 **향리의 자제를 선발**하여 **서울에 볼모**로 삼고 또 그 고을의 일을 자문하는 일에 대비하게 하였는데 이를 **기인**이라고 불렀다. -『고려사』

❷ 태조 왕건의 [25] 반포

4조 중국 제도와 풍속을 배워야 하지만 분별없이 똑같게 할 필요가 없다. **거란은 짐승 같은 나라이다. 본받지 말라.**

5조 **서경은 우리나라 지맥의 근본이며 만대에 전할 땅이다.** 마땅히 네 계절의 중간 달(사중월)에 그곳에 가서 100일 이상 머물도록 하라.

6조 **연등**은 부처를 모시는 것이고 **팔관**은 하늘의 신령 및 오악·명산·대천·용신을 섬기는 것이다. **두 행사를 줄이지 말라.**

7조 신하와 백성의 마음을 얻으려면 간언을 따르라. 백성들을 때를 맞춰 부리고 **세금을 가볍게 해라.**

❸ 후백제 멸망

천복 원년(936) 6월, 견훤이 왕건에게 아뢰었다. "늙은 몸이 전하에게 의탁한 것은 전하의 위세를 빌려 반역한 자식을 베기를 원해서였습니다. 엎드려 바라옵건대 대왕께서 강한 군사로 난신적자를 없애 주신다면 신은 비록 죽어도 유감이 없을 것입니다." …… 전군이 일제히 진격하여 협공하니 **백제군이 패하여 무너졌다. 신검**은 두 아우와 장군 부달, 소달, 능환 등 40여 명을 데리고 나와 **항복**하였다. -『삼국사기』

❹ 광종의 노비안검법

광종 7년(956), **(억울하게) 노비가 된 자를 조사해서 옳고 그름을 분명히 밝히도록 명령하였다.** 이 때문에 주인을 배반하는 노비들을 도저히 억누를 수 없었으므로, 주인을 업신여기는 풍속이 크게 유행하였다. 사람들이 다 수치스럽게 여기고 원망하였다. 왕비도 간절히 말렸지만 받아들이지 않았다.

-『고려사절요』

❺ [26]의 5조 정적평

신의 어리석은 생각으로 **만약 광종이 처음과 같이 늘 공손하고 아끼며 정사를 부지런히 하였다면, 어찌 타고난 수명이 길지 않고 겨우 향년 50으로 그쳤겠습니까.** 마무리를 잘하지 못했음은 참으로 애석합니다. …… 마침내 자식이 부모를 거역하고, 노비가 주인을 고발하고, 상하가 마음이 다르고, 군신이 서로 갈렸습니다. 옛 신하와 장수들은 잇달아 죽음을 당하였고, 가까운 친인척이 다 멸족을 당하였습니다.

-『고려사』

❻ [27]의 외교 담판

- **소손녕** : 그대 나라는 신라 땅에서 났소. 고구려 땅은 우리의 소유인데, 그대 나라가 침식하였고 또 **우리와 국경을 맞닿았는데도 바다를 건너 송(宋)을 섬기고 있소. 그 때문에 오늘의 출병이 있게 된 것이니** 만일 땅을 떼어서 바치고 조빙을 닦으면 무사할 수 있을 것이오.
- **서희** : 그렇지 않다. **우리나라는 바로 고구려의 후계자**이다. 그래서 나라 이름을 고려라고 부르고 평양을 국도로 정하였다. 그리고 **경계를 가지고 말하면 귀국의 동경도 우리 국토 안에 들어와야 하는데 어떻게 침범했다는 말을 할 수 있겠는가?** 또 압록강 안팎 역시 우리 경내인데 이제 여진이 그 중간을 강점하고 있으면서 …… **만일 여진을 내쫓고 우리 옛 땅을 돌려보내어 도로를 통하게 하면 감히 조빙을 닦지 않으리오.** -『고려사』

정답 1 흑창 2 사심관 3 서경 4『계백료서』 5 연등회 6 발해 7 경순왕 8 고창(안동) 9 만부교 10 왕규 11 노비안검법 12 쌍기 13 공복 14 광덕 15 제위보 16 12목 17 목사 18 국자감 19 시무 28조 20 2성 6부 21 삼사 22 도병마사 23 강동 6주 24 기인 25 훈요 10조 26 최승로 27 서희

02 정치사 고려 ②

1000

1009 → 목종, 강조의 정변 → 목종 폐위, 현종 즉위

[현종의 업적]
- 지방 제도 정비 : 5도 양계, 경기 지역 정비
- 불교 진흥 : ____[1] 간행 시작, 연등회·____[2] 부활, 현화사 건립
- 민생 안정 : 주현공거법 실시, 주창수렴법 실시

1010 → 현종, 거란의 2차 침입
→ ____[3]의 활약(흥화진 전투), 현종의 나주 피난

1018 → 현종, 거란의 3차 침입
→ 귀주 대첩(1019, ____[4])

1033 → 덕종, ____[5] 축조 시작
(1044년 정종 때 완성)

1100

1104 → ____[6], 윤관의 건의로 별무반 조직

1107 → ____[7], 윤관의 여진 정벌(별무반), ____[8] 축조(→ 1109년 반환)

1126 → 인종, 이자겸의 난[1]

[이자겸의 난]
- 전개 : 이자겸의 권력 독점 → 인종의 이자겸 제거 시도(실패) → 이자겸이 난을 일으킴 → 인종의 회유로 척준경이 이자겸 제거 → 인종이 척준경도 축출하여 난 진압 → 진압 후 '유신지교' 15개조 발표(1127)
- 결과 : 국왕의 권위 실추, 문벌 귀족 사회의 붕괴 촉진

1135 → 인종, 묘청의 난

[묘청의 난]
- 전개 : 묘청 등 서경파의 서경 천도 추진[2] → 서경에 ____[9] 건립, 금 정벌과 칭제건원 주장 → 개경파의 반대로 중단 → 서경파가 반란을 일으킴[3] → ____[10]이 이끄는 관군에 의해 진압됨
- 결과 : 서경파 몰락, 개경파의 문치주의 강화, 숭문천무 풍조

1170 → 의종, 무신 정변[4]
(← 숭문천무 풍조, 무신의 생활고, 의종의 실정)

1173 → 정중부 집권기, 동북면 병마사 김보당의 난
(계사의 난)

1174 → 정중부 집권기, 서경 유수 ____[11]의 난

1196 → 최충헌 집권 → 최씨 무신 정권 성립

[최충헌[5] (1196~1219)]
- 도방 강화, ____[12](국정 총괄 기구) 설치(1209), 흥녕부 설치
- 봉사 10조 제시, 선종 중심의 ____[13](지눌) 후원

1198 → 최충헌 집권기, ____[14]의 난[6]
(신분 차별에 항거)

1200

1219 → 최충헌 집권기, ____[15]의 역
(고려·몽골·동진의 연합 → 거란 격파)

1225 → 최우 집권기, ____[16](인사 행정 담당) 설치

1227 → 최우 집권기, ____[17](문신 숙위 기구) 설치

사료까지 한 번에 총정리!

❶ ____[18]의 난

왕이 어느 날 홀로 북편 담으로 가서 한참 동안 하늘을 보고 통곡하였다. **이자겸은 십팔자(이씨 성을 가진 자)가 왕이 된다는 비기를 믿고 왕위를 찬탈하려 하였다.** 떡에 독약을 넣어 왕에게 드렸던 바, 왕비가 은밀히 왕에게 알리고 떡을 까마귀에게 던져 주었더니 까마귀가 그 자리에서 죽었다. - 『고려사』

❷ ____[19]의 서경 천도 운동

제가 보건대 **서경 임원역의 땅은 풍수지리를 하는 사람들이 말하는 아주 좋은 땅입니다.** 만약 이곳에 궁궐을 짓고 전하께서 옮겨 앉으시면 천하를 다스릴 수 있습니다. 또한 금나라가 선물을 바치고 스스로 항복할 것이고 주변의 36나라가 모두 머리를 조아릴 것입니다. - 『고려사』

❸ 묘청의 난

(묘청이 말하길) "상경(개경)은 이미 기운이 쇠하여 궁궐이 불타고 남은 것이 없습니다. 서경은 왕기(王氣)가 있으니 주상께서 옮기시어 상경으로 삼는 것이 옳을 것입니다." …… 인종 13년 묘청이 …… 난을 일으켰다. …… **나라 이름을 대위라 하고, 연호를 천개라 하였으며, 군대를 천견충의군이라 하였다.** - 『고려사』

❹ ____[20]의 배경

한뢰가 갑자기 앞으로 나가서 이소응의 뺨을 때리니 (이소응이) 계단 아래로 떨어졌다. …… 정중부가 성난 목소리로 한뢰에게 따져 말하기를 "이소응이 비록 무인이기는 하나 벼슬이 3품인데 어째서 이처럼 심하게 모욕을 하는가?"라고 하였다. 왕이 정중부의 손을 잡고 위로하면서 달래었다. 이고가 칼을 빼들고 정중부에게 눈짓을 하였지만, 정중부는 이를 그만두게 하였다. - 『고려사』

❺ 최충헌의 부패와 독재

- 최충헌이 자택을 지으면서 다른 사람의 집 100여 채를 부순 뒤, 웅장하고 화려하게 꾸미는 데 힘써 그 집터의 길이와 폭이 몇 리가 되어 대궐과 비슷하였다. 또 북쪽으로 시전과 마주하는 곳에 별당을 짓고, 십자각(十字閣)이라고 불렀다. 토목 공사가 대단하여 나라 안이 시끄러웠다. - 『고려사』
- 최충헌은 임금을 폐하고 세우는 것을 자기 마음대로 하였으며, 항상 조정 안에 있으면서 자기 부하들과 함께 가만히 정안(관리들의 근무 성적을 매긴 것)을 가지고 벼슬을 내릴 후보자로 자기 당파에 속하는 자를 추천하는 문안을 작성하고, 승선이라는 벼슬아치에게 주어 임금께 아뢰게 하면 임금이 어쩔 수 없이 그대로 따랐다. 그리하여 최충헌의 아들 이(훗날의 우), 손자 항, 항의 아들 의의 4대가 정권을 잡아 그런 관행이 일반화되었다. - 이제현, 『역옹패설』

❻ 만적의 난

만적 등 6명이 산에서 땔나무를 하다가, 공사의 노비들을 불러 모아서 모의하며 말하기를, "경인년(1170)과 계사년(1173) 이래로 높은 관직도 천예(賤隷)에서 많이 나왔으니, **장상(將相)에 어찌 타고난 씨가 있겠는가?** 때가 되면 누구나 차지할 수 있는 것이다. 우리들이라고 어찌 채찍 아래에서 고통만 당하겠는가?"라고 하였다. 여러 노(奴)들이 모두 동의하였다. …… "…… 우리가 성 안에서 벌떼처럼 일어나, 먼저 최충헌을 죽인 뒤 각기 자신의 주인을 죽이고 천적(賤籍)을 불태워 삼한(三韓)에서 천인을 없애면, **공경장상(公卿將相)이라도 우리가 모두 할 수 있을 것이다.**"라고 하였다. - 『고려사』

정답 1 초조대장경 2 팔관회 3 양규 4 강감찬 5 천리장성 6 숙종 7 예종 8 동북 9성 9 대화궁 10 김부식 11 조위총 12 교정도감 13 조계종 14 만적 15 강동 16 정방 17 서방 18 이자겸 19 묘청 20 무신 정변

1200

- 1231 — 최우 집권기, 몽골의 1차 침입
- 1232 — 최우 집권기, ______[1] 천도
  → 몽골의 2차 침입 : ______[2]가 처인성 전투에서 적장 살리타 사살, 대구 부인사 ______[3] 소실
- 1235 — 최우 집권기, 몽골의 3차 침입 : 황룡사 9층 목탑 소실, ______[4] 조판 시작
- 1253 — 최항 집권기, 몽골의 5차 침입 : 방호별감 김윤후가 ______[5]에서 몽골군 격퇴
- 1258 — 최의 집권기, 무오정변(최씨 무신 정권 몰락), 원이 화주 지역에 쌍성총관부 설치❶
- 1260 — 김준 집권기, 태자(원종) 몽골 입조
  → 세조구제(世祖舊制)
- 1270 — 원종, 고려 정부의 개경 환도(원 간섭기 시작),
  ↔ ______[6] 대몽 항쟁 지속

> [삼별초의 항쟁]
> - 몽골과의 강화와 개경 환도 거부, 독자적 정부 수립
> - 강화도(배중손) → ______[7] → 제주도(______[8])

- 1273 — 원종, 삼별초군이 탐라에서 진압됨
  → 원이 탐라총관부 설치
- 1280 — 충렬왕, 원이 ______[9] 설치
  (______[10] 원정 목적)
- 1290 — 충렬왕, 동녕부 반환받음
- 1296 — 충렬왕, 경사교수도감 설치
- 1298 — 충선왕, 사림원 설치

> [충선왕의 업적]
> - 정방 폐지 시도, 의염창 설치 → 소금 전매제(______[11]) 실시
> - 전농사 설치(농장·불법적 노비 조사)
> - 원의 연경에 ______[12] 설치(충숙왕 때)

1300

- 1301 — 충렬왕, 탐라총관부 반환받음
- 1304 — 충렬왕, ______[13] 설치❷
  (안향, 양현고 보강 목적)
- 1318 — ______[14], 찰리변위도감 설치
- 1347 — ______[15], 정치도감 설치
- 1356 — 공민왕, ______[16] 수복(유인우)
- 1359 — 공민왕, 홍건적의 1차 침입
- 1361 — 공민왕, 홍건적의 2차 침입
  → 공민왕의 ______[17] 피난
- 1366 — 공민왕, ______[18] 설치❸
  (신돈 등용)

> [공민왕의 개혁 정책]
> - 반원 자주 정책❹ : ______[19] 등 친원파 세력 숙청, 정동행성 ______[20] 폐지, 관제 복구, 몽골풍 폐지, 명의 연호 사용, 대통력 수용
> - 왕권 강화 정책 : 정방 폐지, ______[21] 개편❺(유교 교육 강화), 과거제 정비, 자제위 설치

사료까지 한 번에 총정리!

❶ 원 간섭기 고려의 영토 상실

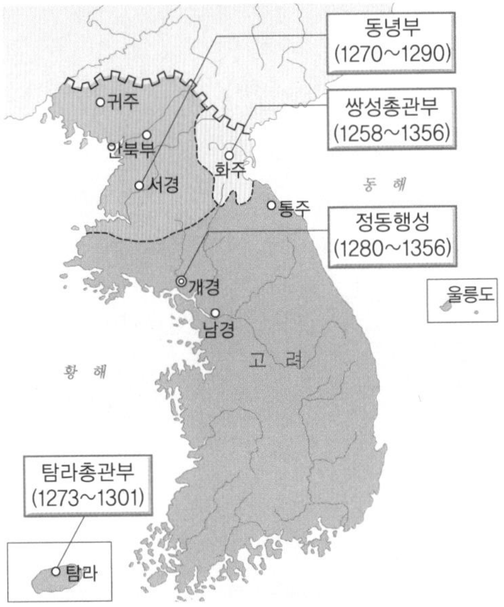

❷ 섬학전 설치

안향이 학교가 날로 쇠퇴함을 근심하여 양부(첨의부와 밀직사의 대신들)와 의논하기를 "재상의 직임은 인재 교육이 제일 긴급한 일인데 **지금 양현고가 완전히 탕진되어** 선비들을 양성할 비용이 없으니 6품 이상 인원들은 각각 은 1근씩, 7품 이하 인원들은 **베를 차등 있게 내게 하여 양현고에 돌려주어 그 본전을 남겨 두고 이식만을 가져다 쓰도록 하되 이름을 섬학전이라고 하기를 바란다.**"라고 하니 양부가 이에 동의하고 왕에게 그대로 보고하였다. －『고려사』

❸ 전민변정도감 설치

신돈이 전민변정도감을 두기를 청하였다. 스스로 판사(장관)가 되어 전국에 알렸다. "요즈음 기강이 크게 무너져서 탐욕스러움이 풍속으로 되었다. 종묘·학교·창고·사사·녹전·군수의 땅은 백성이 대대로 지어온 땅이나 권세가들이 거의 다 빼었다. 돌려주라고 판결한 것도 그대로 가지며 양민을 노비로 삼고 있다. …… 이제 그 잘못을 알고 스스로 고치는 자는 묻지 않을 것이다. 하지만 기한이 지났는데도 고치지 않고 있다가 발각되면 조사하여 엄히 다스릴 것이다." 이 명령이 나오자 권세가가 빼은 땅을 주인에게 돌려주므로 안팎이 기뻐하였다. …… **무릇 천민이나 노비가 양민이 되기를 호소하는 자는 모두 양민으로 만들어 주었다.** 이에 노비들이 주인을 배반하고 말하기를, "성인이 나타났다."라고 하였다. －『고려사』

❹ ________[22]의 반원 자주 정책

왕 5년(1356) 6월, **원나라 연호인 지정을 쓰지 않고** 교지를 내렸다. "크게 생각하건대 태조께서 나라를 세우시고, 여러 성인들이 종묘사직을 지켜왔다. 그러나 요사이 나라 풍속이 크게 바뀌어 오직 권세만 추구하게 되었다. **기철 등이 나라 법을 혼란에 빠트려 관리 선발, 인사이동을 마음대로 하였다.** 이로 인해 나라의 명령이 늘거나 줄었고, 또 다른 사람의 땅과 노비도 함부로 빼앗는다. 이것이 과인이 덕이 없는 탓인가, 기강이 서지 아니하여 통제할 방법이 없음인가? 그 까닭을 깊이 생각해보면 매번 조심스럽게 처신해야 할 것이다." －『고려사』

❺ 공민왕의 성균관 개편

왕 16년(1367) **성균관을 다시 짓고 이색을 판개성부사 겸 성균관 대사성으로 삼았다.** 학생 수를 늘리고, 경전을 잘 아는 김구용, 정몽주, 박상충, 박의중, 이숭인 등을 교관으로 삼았다. 그때 성균관 학생은 수십 명 정도였다. 이색이 학칙을 정하고 날마다 명륜당에서 경을 나누어 수업했다. 강의를 마치면 서로 토론하여 한가한 때가 없었다. 이에 학자가 많이 모여 함께 눈으로 보고 마음으로 느끼는 가운데 정주 주자학이 크게 일어났다.

정답 1 강화 2 김윤후 3 초조대장경 4 팔만대장경(재조대장경) 5 충주성 6 삼별초 7 진도 8 김통정 9 정동행성 10 일본 11 각염법 12 만권당 13 섬학전 14 충숙왕 15 충목왕 16 쌍성총관부 17 복주(안동) 18 전민변정도감 19 기철 20 이문소 21 성균관 22 공민왕

02 정치사 고려 ④

1300

1376 — 우왕, ______[1] 대첩(최영)

1377 — 우왕, 화통도감 설치

1380 — 우왕, 진포 대첩❶(______[2])
→ 화통도감에서 제조한 화포로 왜구 격퇴
• ______[3] 대첩(이성계)

1383 — 우왕, 관음포 대첩(정지, 최무선)

1388 — 우왕, ______[4]❷
(이성계가 최영·권문세족 제거 → 군사적 실권 장악)

1389 — 창왕, ______[5] 정벌(박위)

1391 — 공양왕, 과전법 실시

1392 — 고려 멸망, ______[6] 건국

> [고려 멸망·조선 건국 과정]
> 명의 철령위 설치 통고 → ______[7](요동 정벌론)과 ______[8](4불가론❸)의 대립 → 요동 정벌 단행 → 위화도 회군 → ______[9]·창왕 폐위, 공양왕 옹립 → 과전법 실시 → ______[10] 사대부 제거, 공양왕 폐위 → 고려 멸망, 조선 건국

사료까지 한 번에 총정리!

❶ [11] 대첩

우왕 6년(1380) 8월 추수가 거의 끝나갈 무렵 **왜구는 500여 척의 함선을 이끌고 진포로 쳐들어와** 충청·전라·경상도 연해의 주군(州郡)을 돌며 약탈과 살육을 일삼았다. 고려 조정에서는 **나세, 최무선, 심덕부 등이 나서서 최무선이 만든 화포로 왜선을 모두 불태워 버렸다.**

– 『고려사』

❷ 위화도 회군

태조는 여러 장수들에게 타일렀다. "만약 상국(명) 국경을 침범해 천자에게 죄를 진다면 나라와 백성의 운명은 끝날 것이다. **나는 합당한 이치로 글을 올려 군사를 돌이킬 것을 청했다. 그러나 왕은 살피지 아니하였고 최영도 늙고 혼몽하여 듣지 아니하였다.** 너희들은 나와 함께 왕을 만나 직접 진실을 말하고 임금 곁에 있는 악인을 없애 백성을 편안하게 하지 않겠는가?" 여러 장수들이 모두 말하기를, "우리나라 사직의 안위가 공에 매여 있으니 감히 명령대로 따르지 않겠습니까?"하였다.

– 『고려사』

❸ 이성계의 [12]

지금 출병하는 일은 네 가지 옳지 못한 점이 있습니다. 작은 나라로서 큰 나라에 거역하는 것이 첫째 옳지 못함이요, 여름철에 군사를 동원하는 것이 둘째 옳지 못함이요, 온 나라 군사를 동원하여 멀리 정벌하면 왜적이 그 허술한 틈을 노릴 것이니 셋째 옳지 못함이요, 지금 한창 장마철이므로 활은 아교가 풀어지고 많은 군사들은 역병을 앓을 것이니 넷째 옳지 못함입니다.

– 『태조실록』

정답 1 홍산 2 최무선 3 황산 4 위화도 회군 5 쓰시마 섬(대마도) 6 조선 7 최영 8 이성계 9 우왕 10 온건파 11 진포 12 4불가론

02 정치사 조선 ①

1300

1392 — 태조 이성계, 공양왕의 양위를 받아 즉위

1393 — 태조, '______[1]'이라 국호를 정함
• 태조, 의흥삼군부 설치

1394 — 태조, ______[2] 천도

1398 — **태조, 제1차 왕자의 난**
: ______[3]이 동생 이방번·이방석 살해, 개국 공신 ______[4]❶과 남은 제거
→ 이방과(정종)를 왕으로 추대

1399 — 정종, 일시적 ______[5] 천도

1400

1400 — 정종, 제2차 왕자의 난
: 이방원이 친형 이방간 제거
→ 이방원(태종) 즉위

1401 — **태종, ______[6] 독립**
(왕권 강화 및 대신 세력 견제 목적)

> [태종 대의 정치]
> • 왕권 강화책 : ______[7]❷ 실시(의정부는 사대 문서 관리·사형수 재결만 담당), 사간원 독립, 왕실·외척·종친의 정치 참여 배제, ______[8] 혁파(국왕이 군사권 장악)
> • 사회 정책 : 호패법 실시, 신문고 설치❸

1419 — 세종, ______[9] 정벌(이종무)

1426 — 세종, 3포 개항
(부산포·______[10]·염포)

1443 — 세종, ______[11] 체결
(세견선 50척, 세사미두 200석)

1444 — **세종, 공법 제정**

> [세종 대의 정치]
> • 왕권과 신권의 조화 : ______[12]❹ 시행(재상 중심 정치), 집현전 정비(유학 연구+경연 참여)
> • 유교식 의례 확립 : 『주자가례』 시행 장려, 『국조오례의』 편찬 시작
> • 민생 안정 : 의창제 정비 및 사창제 실시(대구에서 시범적 실시), 공법 제정
> • 대외 정책 : 4군 ______[13] 개척(최윤덕·김종서, 압록강~______[14]에 이르는 국경선 확정)

1453 — 단종, 계유정난
→ 수양대군(세조)의 실권 장악
↔ ______[15]의 난(수양대군에 맞서 일으킨 반란)

1455 — **단종 폐위, 세조 즉위**

> [세조 대의 정치]
> • 6조 직계제 부활, ______[16] 폐지, 종친을 중역에 등용
> • 면리제·오가작통법 실시 → 지방관(수령❺)의 권한 강화
> • 보법·______[17] 체제 실시
> • ______[18] 편찬 시작

1466 — 세조, 직전법 실시

1467 — **세조, ______[19]의 난**
(함경도 지역의 차별에 반발)
→ **유향소❻ 폐지**(성종 때 복설)

1470 — 성종, 관수 관급제 실시

사료까지 한 번에 총정리!

❶ 재상 중심의 정치

임금의 직책은 한 사람의 재상을 논정하는 데 있다 하였으니, 바로 총재를 두고 한 말이다. **총재는 위로는 임금을 받들고 밑으로는 백관을 통솔하여 만민을 다스리는 것이니 직책이 매우 크다.** 또 임금의 자질에는 어리석은 자질도 있고 현명한 자질도 있으며, 강력한 자질도 있고 유약한 자질도 있어서 한결같지 않으니, 임금의 아름다운 점은 순종하고 나쁜 점은 바로 잡으며, 옳은 일은 받들고 옳지 않은 것은 막아서, 임금으로 하여금 가장 올바른 경지에 들게 해야 한다. – 정도전, 『조선경국전』

❷ 6조 직계제

- **의정부의 서사를 나누어 6조에 귀속시켰다.** …… 처음에 왕(태종)은 의정부의 권한이 막중함을 염려하여 이를 혁파할 생각이 있었지만, 신중하게 여겨 서두르지 않았는데 이때에 이르러 단행하였다. **의정부가 관장한 것은 사대 문서와 중죄수의 심의뿐**이었다. – 『태종실록』
- **상왕(단종)이 어려서 무릇 조치하는 바는 모두 의정부 대신에게 맡겨 논의하고 시행하게 하였다.** 지금 내(세조)가 명을 받아 왕통을 계승하여 군국 서무를 아울러 모두 처리하며 우리나라의 옛 제도를 복구하고자 한다. 지금부터 형조의 사형수를 제외한 모든 서무는 6조가 각각 그 직무를 담당하여 직계한다. – 『세조실록』

❸ ______[20] 설치

태종 1년 11월, 영사평부사 하윤이 말하기를, "**신문고를 치는 법이 사실이면 들어주고, 허위이면 죄를 주고, 소송의 절차를 밟지 않고 직접 상관에게 호소하기 위해 치는 자도 또한 이같이 하는 것입니다.** 만일 외방 사람이 수령에게 호소하여 수령이 밝게 결단하지 못하면, 관찰사에게 호소하고 또 사헌부에 호소하며, 사헌부에서 또 밝게 결단하지 못한 연후에 치는 것입니다. 그러므로 관리가 백성의 송사를 결단함에 있어 상총(上聰)에 아뢸까 두려워하여 마음을 다해 정찰(精察)하기 때문에, 백성이 그 복을 받으니, 실로 자손만세의 좋은 법입니다. 원컨대 유사(有司)에게 명하여 행하소서."하니, 임금이 가하다고 하였다. – 『태종실록』

❹ 의정부 서사제

6조 직계제를 시행한 이후 일의 크고 작음이나 가볍고 무거움이 없이 모두 6조에 붙여져 의정부의 관여 사항은 오직 사형수를 논결하는 일뿐이므로 옛날부터 재상을 임명한 뜻에 어긋난다. **6조는 각기 모든 직무를 먼저 의정부에 품의하고, 의정부는 가부를 헤아린 후에 왕에게 아뢰어 전지를 받아 6조에 내려 보내어 시행한다.** – 『세종실록』

❺ 수령 7사

임금께서 말하기를, "칠사(七事)라는 것은 무엇인가?"하니, 변징원이 대답하기를, "**농상(농사와 양잠)을 성하게 하는 일, 학교를 일으키는 일, 소송을 간략하게 하는 일, 간활(간사하고 교활함)을 없애는 일, 군정(軍政)을 닦는 일, 호구를 늘리는 일, 부역을 고르게 하는 일이 바로 칠사입니다.**"라고 하였다. – 『성종실록』

❻ 유향소

고을에서 부모에게 불효하는 자, 형제에게 불경하는 자, 친족 간에 불목하는 자, 인척 간에 불화하는 자, 남에게 신의가 없거나 남을 구휼해 주지 않는 자가 있으면, 유향소에서 그에 대한 징계를 의논할 수 있으며, 아전으로 백성의 재물을 침탈하는 자가 있으면 이곳에서 징계를 의논할 수 있다. – 『경국대전』

정답 1 조선 2 한양 3 이방원 4 정도전 5 개경 6 사간원 7 6조 직계제 8 사병 9 쓰시마 섬(대마도) 10 제포 11 계해약조 12 의정부 서사제 13 6진 14 두만강 15 이징옥 16 집현전 17 진관 18 『경국대전』 19 이시애 20 신문고

1400

1485 — 성종, ______[1] 완성
(법치 국가의 기틀 확립)

> [성종 대의 정치]
> - 유교 정치 이념 강화 : 훈구 세력 견제를 위해 ______[2] 등용❶, 유향소 부활(1488)
> - 경연의 활성화 : 홍문관을 학술·언론 기관으로 재편성
> - 억불 정책 : 간경도감·______[3] 폐지(승려의 출가 금지 → 산간 불교화)

1498 — ______[4], 무오사화

> [무오사화]
> - 배경 : ______[5]이 『성종실록』 사초에 김종직의 「조의제문」❷ 수록
> - 전개 : 훈구파가 연산군에게 고발 → 김종직 부관참시, 김일손 능지처참, 다수의 사림들이 유배를 감

1500

1504 — 연산군, ______[6]사화

1506 — 연산군, 중종반정

> [갑자사화]
> - 배경 : 폐비 윤씨(연산군의 생모) 사사 사건
> - 전개 : 폐비 윤씨 사사 사건의 관련자 처벌 → 훈구·사림 모두 피해 → ______[7]의 폭정 → ______[8]으로 연산군 폐위

1510 — 중종, ______[9]
→ 비변사(임시 기구) 설치❸

1512 — 중종, ______[10] 체결
(제포만 개항, 세견선 25척, 세사미두 100석)

1519 — 중종, ______[11]의 건의로 현량과 실시
- 중종, 기묘사화

> [조광조의 개혁 정치]❹
> - 현량과 실시, 소격서·승과 폐지, ______[12] 삭제
> - 『소학』과 『주자가례』 중시, 향약 실시(______[13]), 방납 폐단 비판
>
> [기묘사화]
> - 배경 : 중종의 사림 등용으로 훈구·사림의 갈등, 조광조의 급격한 개혁 정치에 훈구 반발
> - 전개 : 훈구파의 불만 → 훈구의 '주초위왕' 사건❺ → 조광조와 대부분의 사림이 제거됨

1544 — 중종, ______[14] (통영 습격)
→ 일본과의 교역 중단

1545 — 명종, ______[15]사화

> [을사사화]
> - 배경 : 외척 간의 권력 다툼(대윤 VS ______[16])
> - 전개 : 인종이 일찍 죽고 명종이 즉위 → ______[17]의 수렴청정, 윤원형(소윤) 집권 → 윤원형 중심의 척신 정치 시작, 대윤·사림 숙청

1547 — 명종, ______[18] 체결
(세견선 25척)

1555 — 명종, 을묘왜변❻
→ ______[19]의 상설 기구화

1556 — 명종, 직전법 폐지

> [명종 대의 역사적 사실]
> - 직전법 폐지
> - 제승방략 체제 확립
> - 『구황촬요』 보급
> - ______[20]❼의 난

사료까지 한 번에 총정리!

❶ 사림의 중앙 진출(김종직)

성종 15년 8월 6일, 사신이 논평하기를, "김종직은 경상도 사람이다. 학문이 뛰어나고 문장을 잘 지으며 가르치기를 즐겼다. 그에게 배워 과거에 급제한 사람이 많았다. 그러므로 경상도의 선비로서 조정(朝廷)에서 벼슬사는 자들이 종장(宗匠)으로 추존(推尊)하여, **스승은 제 제자를 칭찬하고, 제자는 제 스승을 칭찬하는 것이 사실보다 지나쳤는데,** 조정 안의 신진(新進)의 무리도 그 그른 것을 깨닫지 못하고, 따라서 붙좇는 자가 많았다. **그때 사람들이 이를 비평하여 '경상도 선배 무리'라고 하였다.**" – 『성종실록』

❷ 김종직의 [21]

김일손이 찬수한 사초 내에 부도한 말로 선왕조의 일을 터무니없이 기록하고 또 그 스승 종직의 조의제문을 실었다. 그 말에 이르기를, '(세조 2년) 어느 날 밤 꿈에 키가 크며 화려하게 무늬를 놓은 옷을 입어 품위가 있어 보이는 신이 나타나서 말했다.「나는 초나라 회왕의 손자 심이다. 서초패왕(항우)에게 죽음을 당하여 빈강에 빠져 잠겨 있다.」말을 마치자 갑자기 사라졌다. 깜짝 놀라 잠을 깨어 생각해 보았다. '회왕은 남방 초나라 사람이고 나는 동이인(東夷人)으로 땅이 서로 만 리나 떨어져 있고 시대가 또한 천여 년이나 떨어져 있는데 내 꿈에 나타나는 것은 무슨 징조일까. 역사를 살펴보아도 회왕을 죽여 강물에 던졌다는 말은 없다. 아마 항우가 사람을 시켜 몰래 쳐죽여 시체를 물에 던졌던 것인지 알 수 없는 일이다. …… 마침내 글을 지어 회왕을 조위하였다.' …… "**종직이 요사한 꿈에 가탁하여 선왕을 훼방하였으니, 대역 부도입니다.** 마땅히 극형에 처해야 하옵니다." – 『연산군일기』

❸ [22] 설치

중종 12년 6월, 윤덕 등이 이어 아뢰기를, "**축성사라는 이름은 이미 파하였으니,** 다른 이름으로 고쳐 삼공에게 감령(監領)하게 한 뒤라야 일을 하기가 쉽겠습니다."하니, 전교하기를, "아뢴 일은 삼공에게 의논해야겠다."하였다. 정광필·김응기·신용개가 의논드리기를, "…… 삼공 중에서 한 사람이나 혹은 전원이 감령하며 함께 의논해서 조치하되, **이름은 비변사(備邊司)라 하는 것이 마땅하겠습니다.**"하였다. – 『중종실록』

❹ 조광조의 개혁 정치

- **소격서 혁파** : 소격서는 본래 이단이며 예에도 어긋나는 것이니 비록 수명을 빌고자 해도 복을 얻을 수 없습니다. 소비가 많고 민폐도 커서 나라의 근본을 손상시키니 어찌 애석하지 않겠습니까.
- **현량과 실시** : 지방에서는 감사와 수령이, 서울에서는 홍문관과 6경, 대간이 등용할 만한 사람을 천거하여 대궐에 모아 놓고 친히 대책으로 시험한다면 인물을 많이 얻을 수 있을 것입니다. 이는 이전에 우리나라에서 하지 않았던 일이요, 한나라 현량과의 뜻을 이은 것입니다. – 『중종실록』

❺ [23] 사건

남곤은 나뭇잎에 묻은 감즙을 갉아먹는 **벌레를 잡아 나뭇잎에다 '주초위왕(走肖爲王)' 네 글자를 써서 갉아먹게 하였다.** …… 그는 왕에게 이 글자가 새겨진 나뭇잎을 바치게 하여 문사(文士)들을 제거하려는 화(禍)를 꾸몄다. – 『선조실록』

❻ 일본과의 대외 관계

❼ 임꺽정

임꺽정은 양주의 백성으로 성품이 교활하고 또 날래고 용맹했으며 그 무리 10여 명이 모두 날래고 빨랐다. …… 경기에서 황해에 이르는 사이의 아전과 백성들이 적과 비밀히 결탁하고 관에서 잡으려 하면 반드시 먼저 알려주었으므로 거리낌 없이 돌아다녀도 관에서 잡을 수가 없었다. 조정에서 선전관을 시켜 염탐케 하였더니 미투리를 거꾸로 신고 혼란하게 한 뒤 뒤에서 활을 쏘아 죽였다. – 이긍익, 『연려실기술』

정답 1『경국대전』 2 사림 3 도첩제 4 연산군 5 김일손 6 갑자 7 연산군 8 중종반정 9 삼포왜란 10 임신약조 11 조광조 12 위훈 13 여씨향약 14 사량진왜변 15 을사 16 소윤 17 문정왕후 18 정미약조 19 비변사 20 임꺽정 21「조의제문」 22 비변사 23 주초위왕

02 정치사 조선 ③

1500

1575 — 선조, ______[1]직을 둘러싼 김효원과 심의겸의 대립
→ 동인과 서인의 분당❶

[동인과 서인의 분당]

동인	서인
• 김효원 등 ______[2] 사림 중심 • 척신 정치 청산에 적극적 • 이황, ______[3], 서경덕의 문인 중심	• ______[4] 등 기성 사림 중심 • 척신 정치 청산에 소극적 • ______[5], 성혼의 문인 가담

1589 — **선조, ______[6] 모반 사건(기축옥사)**

1591 — 선조, 건저 문제(세자 책봉 문제)
→ ______[7]의 처리 문제를 두고 동인이 북인과 ______[8]으로 분당

1592.4. — **선조, 임진왜란❷ 발발**
(왜군의 20만 대군이 조선 침략)
→ 부산진(정발)·동래성(송상현) 함락
→ 충주 탄금대 전투 패배(______[9] 전사)
→ 선조의 피난

1592.5. — 옥포 해전 승리
• ______[10] 해전 승리(거북선 최초 사용)

1592.6. — 당포·당항포 해전 승리

1592.7. — **한산도 대첩 승리(______[11] 전법)**

1592.10. — ______[12] 대첩 승리(김시민 지휘)

1593.1. — 조·명 연합군의 평양성 탈환

1593.2. — **행주 대첩 승리(______[13] 지휘)**

1593.6. — 진주 혈전(논개)

1593.8. — 선조, 훈련도감 설치❸

1593.10. — 선조, 한양 환도

1597.1. — ______[14](왜군의 재침입)

1597.7. — 칠천량 해전 패배(______[15]의 지휘부 전멸)

1597.9. — 조·명 연합군의 직산 전투 승리
• ______[16] **대첩 승리(이순신의 재등장)**

1598.11. — ______[17] **대첩 승리(이순신 전사)**

[왜란의 영향]
• 비변사 최고 기구화, ______[18] 설치(1593), ______[19] 편제(1594)
• 인구 감소, 토지 황폐화 → 납속책 실시·공명첩 발급❹
• 문화재 소실(궁궐, 서적, 3대 사고 등)

1600

1608 — **광해군 즉위(______[20] 집권), 대동법 실시**

[광해군 대의 정치]
• 내정 개혁 : 양안과 ______[21] 재작성, 무기 개량·수리, 5대 사고 정비
• 중립 외교 정책 : 왜란 후 복구 사업을 위해 시행
• ______[22] 실시(경기 지역에 한정)
• 『동국신속삼강행실도』, 『동의보감』 편찬

사료까지 한 번에 총정리!

❶ 동인과 ______[23] 의 분당

김효원이 알성 과거에 장원으로 합격하여 이조 전랑의 물망에 올랐으나 그가 윤원형의 문객이었다고 하여 심의겸이 반대하였다. 그 후에 심충겸이 장원 급제하여 전랑으로 천거되었으나 외척이라 하여 효원이 반대하였다. 이때, 양편 친지들이 각기 다른 주장을 내세우면서 서로 배척하여 동인, 서인의 말이 여기서 비롯하였다. 효원의 집이 동쪽 건천동에 있고 의겸의 집이 서쪽 정동에 있기 때문이었다. 동인의 생각은 결코 외척을 등용할 수 없다는 것이었고, 서인의 생각은 의겸이 공로가 많을뿐더러 선비인데 어찌 앞길을 막느냐는 것이었다.

– 이긍익, 『연려실기술』

❷ 임진왜란

- 부산진·동래성 전투 : 적선이 바다를 덮어오니 부산 첨사 정발은 마침 절영도에서 사냥을 하다가, 조공하러 오는 왜라 여기고 대비하지 않았는데 미처 진(鎭)에 돌아오기도 전에 적이 이미 성에 올랐다. 이튿날 동래부가 함락되고 부사 송상현이 죽었다. – 『선조실록』
- 충주 탄금대 전투 : 신립이 충주에 이르렀을 때 여러 장수들을 모두 새재의 험준함을 이용하여 적의 진격을 막고자 하였으나, 신립은 따르지 않고 들판에서 싸우려고 하였다. 27일 단월역 앞에 진을 쳤는데 군졸 가운데 "적이 벌써 충주로 들어왔다."라고 하는 자가 있자, 신립은 군사들이 놀랄까 염려하여 즉시 그 군졸을 목 베어서 엄한 군법을 보였다. 왜적이 복병을 설치하여 우리 군사의 후방을 포위하였으므로 우리 군사가 크게 패하였다. 삼도순변사 신립은 포위를 뚫고 달천의 월탄가에 이르러, "전하를 뵈올 면목이 없다."하고 빠져 죽었다. – 『선조실록』
- 의병의 활약 : 선조 25년(1592) 6월 1일, 각 도에서 의병이 일어났다. 당시 삼도 수신(帥臣)이 모두 인심을 잃은 데다가 변란이 일어난 뒤에 군사와 식량을 징발하자 사람들이 모두 밉게 보아 적을 만나기만 하면 모두 패하여 달아났다. 그러다가 도내 거족과 명망가들이 유생 등과 함께 조정의 명을 받들어 의를 부르짖고 일어나자 사람들이 호응하여 모여들었다. 크게 이루지는 못했으나 인심을 얻었으므로 국가의 명맥이 그들 덕분에 유지되었다. **호남의 고경명·김천일, 영남의 곽재우·정인홍, 호서의 조헌이 가장 먼저 의병을 일으켰다.** – 『선조수정실록』

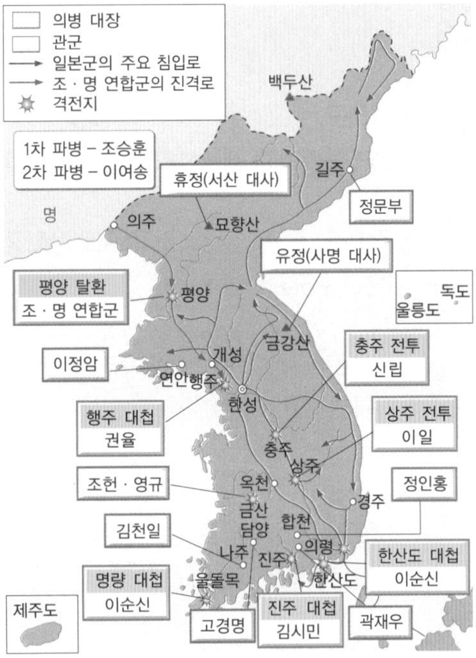

❸ 훈련도감 설치

오늘의 적세(賊勢)가 매우 염려되는데 전부터 일을 처리하는 것이 느슨해져 적의 난리를 겪는 2년 동안 군사 한 명을 훈련시키거나 기계 하나를 수리한 것 없이 중국군만을 바라보며 적이 제발로 물러가기만을 기다렸으니 불가하지 않겠는가. …… 나의 생각에는 따로 **훈련도감을 설치**하여 합당한 인원을 차출해서 장정을 뽑아 날마다 **활을 익히기도 하고 포를 쏘기도 하여** 모든 무예를 훈련시키도록 하고 싶으니, 의논하여 처리하라.

– 『선조실록』

❹ ______[24] 발급

선조 25년 11월, 적의 목을 벤 자, 납속을 한 자, 작은 공이 있는 자에게 모두 관리 임명장을 주거나, 천인 신분 또는 국역을 면하는 증서를 주었다. 병사를 모집하고 납속을 모집하는 담당 관리가 이것을 가지고 지방에 내려갈 때, **이름 쓰는 곳만 비워 두었다가 응모자가 있으면 수시로 이름을 써서 주었다.**

– 『선조실록』

정답 1 이조 전랑 2 신진 3 조식 4 심의겸 5 이이 6 정여립 7 정철 8 남인 9 신립 10 사천포 11 학익진 12 진주 13 권율 14 정유재란 15 원균 16 명량 17 노량 18 훈련도감 19 속오군 20 북인 21 호적 22 대동법 23 서인 24 공명첩

02 정치사 조선 ④

1600

1609 — 광해군, ____[1] 체결
(부산포만 개항, 세견선 20척, 세사미두 100석)

1619 — 광해군, ____[2]이 후금에 거짓 항복
(명과 후금 사이에서 ____[3] 외교)

1622 — 광해군, ____[4]의 가도 주둔
(→ 1623, 가도 사건)

1623 — **광해군, ____[5] (서인 주도)**
: 폐모살제를 이유로 광해군 폐위
→ 인조 즉위, 서인의 정권 장악

1624 — 인조, ____[6]의 난
(인조반정 이후 논공행상에 대한 불만이 원인이 되어 발생)

1627 — **인조, 정묘호란**

> [정묘호란]
> - **원인** : 서인 정권의 친명배금 정책❶
> - **전개** : 이괄의 난을 구실로 후금이 조선 침략 → 황해도 평산까지 진격 → 인조의 강화도 피난, ____[7](철산 용골산성)·이립(____[8])의 항전 → 후금과 화의 성립

1636 — **인조, 병자호란**

> [병자호란]
> - **원인** : 청이 조선에 군신 관계 요구 → 주화론❷(최명길) vs 주전론❸(____[9])
> - **전개** : 주전론의 우세 → 청 태종이 조선 침략 → 인조가 ____[10]으로 피난, 항전 → 청에 굴복(군신 관계 수용)
> - **결과** : 청과 군신 관계 체결(삼전도의 굴욕), ____[11], 봉림대군, 척화론자들이 청에 압송(→ 이후 표면적 - 군신 관계, 실질적 - ____[12] 준비)

1654 — 효종, 1차 ____[13] 정벌
(____[14] 외 150여 명 파견)

1658 — 효종, 2차 나선 정벌
(신유 외 200여 명 파견)

1659 — **현종, ____[15] 예송(1차 예송)**

1674 — **현종, ____[16] 예송(2차 예송)**

[예송]❹

구분	1차 예송(기해예송)	2차 예송(갑인예송)
배경	____[17] 사후 자의대비의 상복 기간 문제	효종 비 사후 자의대비의 상복 기간 문제
내용	• 서인 : 1년복(기년복) → 채택 • 남인 : ____[18]복	• 서인 : ____[19]복(대공복) • 남인 : 1년복(기년복) → 채택

1680 — **숙종, 경신환국 → 서인 집권**

> [경신환국]
> 남인 ____[20]의 유악 남용 사건❺ → 허적·윤휴 등 남인 몰락, 서인 집권 → 남인을 배척하는 과정에서 ____[21]이 노론과 ____[22]으로 분열

1682 — 숙종, ____[23] 설치
→ 5군영 체제 완성

> [5군영]
> - ____[24](1593, 선조)
> - 어영청(1623, 인조)
> - 총융청(1624, 인조)
> - ____[25](1626, 인조)
> - 금위영(1682, 숙종)

사료까지 한 번에 총정리!

❶ 인조(서인 정권)의 ________[26] 정책

인조 원년 3월, 왕대비가 교서를 내려 중외에 선유하였는데, 내용은 다음과 같다. "…… **우리나라가 중국 조정을 섬겨온 것이 2백여 년이라, 의리로는 곧 군신이며 은혜로는 부자와 같다.** 그리고 임진년에 재조(再造)해 준 그 은혜는 만세토록 잊을 수 없는 것이다. …… **광해는 배은망덕하여** 천명을 두려워하지 않고 **속으로 다른 뜻을 품고 오랑캐에게 성의를 베풀었으며,** 기미년 오랑캐를 정벌할 때에는 은밀히 수신(帥臣)을 시켜 동태를 보아 행동하게 하여 끝내 전군이 오랑캐에게 투항함으로써 추한 소문이 사해에 펼쳐지게 하였다. 중국 사신이 본국에 왔을 때 그를 구속하여 옥에 가두듯이 했을 뿐 아니라 황제가 자주 칙서를 내려도 구원병을 파견할 생각을 하지 않아 예의의 나라인 삼한(三韓)으로 하여금 **오랑캐와 금수가 됨을 면치 못하게 하였으니, 그 통분함을 어찌 이루 다 말할 수 있겠는가.** ……"

-『인조실록』

❷ ________[27] 의 주화론

주화(主和) 두 글자는 신의 일평생에 신변의 누가 될 줄로 압니다. …… 화친을 맺어 국가를 보존하는 것 보다 차라리 의를 지켜 망하는 것이 옳다고 하였으나, 이것은 신하가 절개를 지키는 데 쓰이는 말입니다. 종묘와 사직의 존망이 필부의 일과는 판이한 것입니다. …… **자기의 힘을 헤아리지 아니하고 경망하게 큰 소리를 쳐서** 오랑캐들의 노여움을 도발, 마침내는 **백성이 도탄에 빠지고 종묘와 사직에 제사 지내지 못하게 된다면 그 허물이 이보다 클 수 있겠습니까.** …… 정묘년(1627)의 맹약을 지켜서 몇 년이라도 화를 늦추시고, 그동안을 이용하여 인정을 베풀어서 민심을 수습하고 성을 쌓으며, 군량을 저축하여 방어를 더욱 튼튼하게 하되 군사를 집합시켜 일사분란하게 하여 적의 허점을 노리는 것이 우리로서는 최상의 계책일 것입니다.

-『지천집』

❸ 윤집의 주전론(척화론)

인조 14년 11월, 부교리 **윤집(尹集)이 상소**하기를, "화의가 나라를 망친 것은 어제오늘의 일이 아니고 옛날부터 그러하였으나 오늘날처럼 심한 적은 없었습니다. **명나라는 우리나라에 있어서 부모의 나라이고 노적(청)은 우리나라에 있어서 부모의 원수입니다. 신자된 자로서 부모의 원수와 형제의 의를 맺고 부모의 은혜를 저버릴 수 있겠습니까.** 더구나 임진년의 일은 조그마한 것까지도 모두 황제의 힘이니 우리나라가 살아서 숨쉬는 한 은혜를 잊기 어렵습니다."

-『인조실록』

❹ 예송

- 좌참찬 **송준길(서인)**이 상소하기를, "…… 대신들 뜻이 모두 국조 전례에 자식을 위하여 3년복을 입는 제도는 없고 고례(古禮)로 하더라도 명명백백하게 밝혀 놓지 않았기 때문에, 혹시 후일 후회스러운 일이 있을지 모르니 차라리 국조 전례를 그대로 따르는 것이 좋다고 하였습니다. 그리하여 신도 다른 소견 없이 드디어 **기년제로 정했던 것**입니다. …… **둘째 적자(嫡子) 이하는 통틀어 서자(庶子)라고 한다**는 뜻을 분명히 밝혀놓았고, 그 아래에 '체(體)는 체이나 정(正)이 아니라고 한 것은 바로 서자로서 뒤를 이은 자를 말한다' 하였습니다. 그런데 허목(남인)은 그 '서자'를 꼭 첩의 자식으로 규정지으려 하고 있습니다."
- **기해년의 일**은 생각할수록 망극합니다. 그때 **저들이 효종 대왕을 서자처럼 여겨** 대왕 대비의 상복을 **기년복(1년 상복)**으로 낮추어 입도록 하자고 청했으니, 지금이라도 잘못된 일은 바로잡아야 하지 않겠습니까?

-『현종실록』

❺ 유악 남용 사건

궐내에 보관하던 **기름 먹인 장막을 허적이 다 가져갔음을 듣고,** 임금이 노하여 "궐내에 쓰는 장막을 마음대로 가져가는 것은 한명회도 못하던 짓이다."라고 말하였다. 시종에게 알아보게 하니, 잔치에 참석한 서인은 몇 사람뿐이었고, 허적의 당파가 많아 기세가 등등하였다고 아뢰었다. 이에 **임금이 남인을 제거할 결심**을 하였다. …… 허적이 잡혀오자 임금이 모든 관직을 삭탈하였다.

-『연려실기술』

정답 1 기유약조 2 강홍립 3 중립 4 모문룡 5 인조반정 6 이괄 7 정봉수 8 의주 9 윤집 10 남한산성 11 소현세자 12 북벌 13 나선 14 변급 15 기해 16 갑인 17 효종 18 3년 19 9개월 20 허적 21 서인 22 소론 23 금위영 24 훈련도감 25 수어청 26 친명배금 27 최명길

02 정치사 조선 ⑤

1600

1689 — 숙종, 기사환국❶ → ______[1] 집권

> [기사환국]
> 숙종이 희빈 장씨의 아들(후에 ______[2])을 원자로 정호(定號)하려는 것을 서인이 반대 → 서인 몰락, 남인 집권

1693 — 숙종, ______[3]❷이 일본으로부터 울릉도와 독도가 조선의 영토임을 확인받음 (1차 1693년, 2차 1696년)

1694 — 숙종, 갑술환국 → 서인(소론) 집권

> [갑술환국]
> 서인의 ______[4] 복위 운동 → 희빈 장씨와 남인 몰락, 서인(소론) 집권 → ______[5]과 소론의 대립 심화

1700

1701 — 숙종, 무고의 옥
(희빈 장씨가 인현왕후를 무고했다는 이유로 사사됨 → 남인에게 우호적이었던 소론 몰락, 노론 집권)

1704 — 숙종, ______[6](명 신종과 의종 사당) 설치

1712 — ______[7], 백두산 정계비 건립❸

> [백두산 정계비문의 해석 문제]
> 西爲鴨綠 東爲土門 (서위압록 동위토문)
> - 청 : 토문을 두만강으로 해석
> - 조선 : 토문을 송화강의 지류인 토문강으로 해석
>   → 19세기 토문강 위치를 놓고 간도 귀속 문제❹ 발생

1717 — 숙종, ______[8]
(숙종과 노론 이이명의 독대, 세자 대리 청정 문제 논의)

1721 — 경종, 신임사화(신임옥사, ~1722)
: 노론이 연잉군(후에 ______[9])의 세제 책봉 요구
→ 소론이 노론을 반역으로 몰아 제거

1725 — 영조, 즉위 직후 ______[10] 반포❺
- 영조, 을사처분 → 노론 실권 장악

1727 — 영조, 정미환국
(영조의 노론 강경파 파면, 소론 등용)

1728 — 영조, ______[11]의 난❻(정권에서 배제된 소론과 남인이 연합하여 왕권 교체 기도)

1729 — 영조, 이인좌의 난 진압 이후 ______[12] 발표

1741 — 영조, 자천권·통청권·한림 회천권 폐지
(자천권 : 완전한 폐지는 정조 때)
→ 전랑권 약화

1742 — 영조, ______[13] 건립

1750 — 영조, 균역법 실시

1751 — 영조, ______[14] 반포
→ 훈련도감·어영청·금위영 중심의 도성 수비, 방위 체제 확립

1755 — 영조, ______[15] 괘서 사건(소론 계열의 역모 사건) → 노론 득세

사료까지 한 번에 총정리!

❶ ______[16] 환국

전교하기를, "나라의 근본이 정해지기 전에는 임금의 물음에 따라 각각 소견대로 진달하는 것이 혹 가하지만, **명호를 이미 정한 지금에 와서 송시열이 산림의 영수로서 상소 가운데에** 감히 송나라 철종의 일까지 끌어 은연중 **'너무 이르다.'고 하였다.** …… 마땅히 멀리 귀양 보내야겠지만, 그래도 유신이니, 아직은 가벼운 법을 좇아서 삭탈관작하고 성문 밖으로 내쫓는다." 하였다. - 『연려실기술』

❷ 안용복의 독도 수호

안용복이 오랑도 도주에게 **"울릉과 우산(독도)은 원래 조선에 속해 있으며,** 조선은 가깝고 일본은 먼데 어찌 나를 감금하고 돌려보내지 않는가?"하니, 오랑도 도주가 백기주로 보냈다. …… 안용복이 전후 사실을 말하고 이르기를, "침략을 금지하여서 이웃 나라끼리 친선을 도모함이 소원이다."라고 하였다. 백기주 **태수가 이를 승낙하고 에도 막부에 보고**하여 문서를 주고 돌아가게 하였다. - 이익, 『성호사설』

❸ ______[17] 정계비 건립

숙종 38년 5월 23일, 접반사(接伴使) 박권(朴權)이 보고하였다. "총관 목극등과 **백두산 산마루에 올라 살펴보았더니, 압록강의 근원이 산허리의 남쪽에서 나오기 때문에 이미 경계로 삼았으며, 토문강의 근원은 백두산 동쪽의 가장 낮은 곳에 한 갈래 물줄기가 동쪽으로 흘렀습니다.** 총관이 이것을 가리켜 두만강의 근원이라 하고 말하기를, '이 물이 하나는 동쪽으로 하나는 서쪽으로 흘러서 나뉘어 두 강(江)이 되었으니 분수령(分水嶺)으로 일컫는 것이 좋겠다.' 하고, 고개 위에 비(碑)를 세우고자 하며 말하기를, '경계를 정하고 비석을 세움이 황상의 뜻이다. 신하들도 또한 마땅히 비석 끝에다 이름을 새겨야 한다.'고 하기에, 신 등은 함께 가서 면밀히 살펴보지 못하고 비석 끝에다 이름을 새김은 일이 성실(誠實)하지 못하다.'는 말로 대답하였습니다."하였다. - 『숙종실록』

❹ 간도 귀속 문제(백두산 정계비)

❺ 영조의 탕평 교서 반포

붕당의 폐해가 요즈음보다 심한 적이 없었다. 처음에는 유학 내에서 시비가 일어나더니 이제는 한쪽 편 사람들을 모두 역당으로 몰아붙이고 있다. …… 우리나라는 원래 땅이 협소하여 인재 등용의 문도 넓지 못하였다. 그런데 근래에 와서 인재 임용이 당에 들어 있는 사람만으로 이루어지니 …… 이러한 상태가 그치지 않는다면 조정에 벼슬할 사람이 몇 명이나 되겠는가. …… 조정의 대신들이 서로 공격하여 공론이 막히고 역당으로 지목하니 선악을 분별할 수 없게 되었다. …… **유배된 사람은 경중을 헤아려 다시 등용하되 탕평의 정신으로 하라.** 지금 나의 이 말은 위로는 종사를 위하고 아래로 조정을 진정하려는 것이니, 이를 어기면 종신토록 가두어 내가 그들과는 나라를 함께 할 뜻이 없음을 보이겠다. 너희 여러 신하들은 **성인께서 잘못한 자를 바로잡는 뜻을 따라 당습을 버리고 공평하기에 힘쓰라.** - 『영조실록』

❻ 이인좌의 난

이인좌 등 적이 청주성을 함락시켰다. …… 도순무사 오명항이 적을 격파하고 적의 괴수 이인좌 등을 서울로 보냈다. 백관이 군기시(軍器寺) 앞길에 차례로 서 있는 앞에서 역적의 괴수 이인좌를 참하였다. - 『영조실록』

정답 1 남인 2 경종 3 안용복 4 인현왕후 5 노론 6 만동묘 7 숙종 8 정유독대 9 영조 10 탕평 교서 11 이인좌 12 기유처분 13 탕평비 14 수성윤음 15 나주 16 기사 17 백두산

1700

1762 — **영조, 임오화변(_____[1]의 죽음)**
→ 사도세자의 죽음을 동정하는 시파와 사도세자의 죽음을 당연시하고 영조를 지지하는 _____[2]의 대립 격화

[영조의 정책]❶
- 탕평 정치
  - _____[3] 탕평 : 각 붕당의 온건하고 타협적인 인물 등용
  - 이인좌의 난 이후 탕평파 육성, 탕평파를 중심으로 정국 운영
  - _____[4]의 존재 부정, _____[5] 대폭 정리
  - _____[6]의 권한 약화
- 개혁 정치 : 균역법 실시, 가혹한 _____[7] 폐지, 사형수에 대한 _____[8] 시행, 청계천 정비
- 편찬 사업 : 『동국문헌비고』, 『속오례의』, _____[9](법전), 『속병장도설』, 『무원록』 등
- 한계 : 강력한 왕권으로 붕당의 다툼을 일시적으로 억제, 점차 노론이 우세 → 사도세자의 죽음을 계기로 노론이 권력 장악

1776 — **정조, _____[10](학술 겸 비서 기관) 설치**

1778 — **정조, 『제언절목』 반포(저수지 수축 독려)**

1781 — **정조, _____[11] 시행**❷
(중·하급 관리 중 유능한 문신 재교육)

1791 — **정조, _____[12] 사건 → 신해박해**
- **정조, 신해통공 반포**

1793 — **정조, _____[13](국왕의 친위 부대) 설치**

1794 — **정조, _____[14] 축조(~1796, 완공)**
(정치·군사적 기능 부여, 정약용의 _____[15] 사용)

[정조의 정책]
- 탕평 정치
  - _____[16] 탕평❸ : 각 붕당의 옳고 그름을 명백히 가리는 적극적인 탕평책 추진
- 개혁 정치
  - _____[17]의 권한 강화 → 지방 사족의 향촌 지배력 억제
  - _____[18]의 차별 완화 : 박제가, 유득공, _____[19] 등 서얼 출신을 _____[20] 검서관으로 등용
- 편찬 사업 : 『홍재전서』, _____[21](법전), 『동문휘고』, 『탁지지』, 『추관지』, 『무예도보통지』
- 한계 : 붕당 자체의 해체 실패, 국왕의 역량에 의존 → 정조 사후 정치 균형 붕괴

1800

1800 — **정조 사후 _____[22]가 어린 나이에 즉위**
(정순왕후의 수렴청정, 노론 벽파 집권)

[세도 정치]❹
- 순조(안동 김씨), _____[23](풍양 조씨), 철종(_____[24]) 3대에 걸쳐 60여 년간 소수의 _____[25] 가문이 권력을 독점
- 비변사의 권한 강화, 세도 가문이 주요 관직 독점
- 매관매직 → 수령과 향리의 수탈 심화 → _____[26](전정, 군정, 환곡)의 문란 초래

1801 — **순조, _____[27] : 노론 벽파가 남인 시파 탄압 목적으로 천주교도 박해 → 규장각 검서관 축출, 장용영 혁파 → _____[28] 장악 → 정순왕후 사후 벽파 쇠퇴, 안동 김씨(시파)가 정권 장악**

1811 — **순조, _____[29]의 난**

1839 — **헌종, 기해박해**

1846 — **헌종, 병오박해**

1862 — **_____[30], 임술 농민 봉기**

사료까지 한 번에 총정리!

❶ 영조의 민생 안정책

적전(籍田)을 가는 쟁기를 잡으시니 근본을 중시하는 거동이 아름답고, **혹독한 형벌을 없애라는 명**을 내리시니 살리기를 좋아하는 덕이 성대하였다. …… **정포(丁布)를 고루 줄이신 은혜**로 말하면 천명을 받아 백성을 보전할 기회에 크게 부합되었거니와 위를 덜어 아래를 더하며 **어염세(魚鹽稅)도 아울러 감면**되고, 여자·남자가 기뻐하여 양잠·농경이 각각 제자리를 얻었습니다.

- 『영조실록』

❷ 초계문신제 시행

문신으로 승문원에 분관(分館, 문과에 급제한 사람 중 승문원에서 실무를 익히도록 배치)된 사람들 가운데 참상(參上)이나 참외(參外)를 막론하고 정부에서 상의하여 **37세 이하로 한하여 초계(抄啓, 뽑아 일깨워 줌)한다.**

- 『정조실록』

❸ 정조의 준론 탕평

국왕은 "탕평은 의리에 방해받지 않고 의리는 탕평에 방해받지 않은 다음에야 바야흐로 탕탕평평(蕩蕩平平)의 큰 의리라 할 수 있다. 지금 내가 한 말은 곧 의리의 탕평이지, 혼돈의 탕평이 아니다."라고 하였다. …… 국왕은 행차 때면 길에 나온 백성들을 불러 직접 의견을 들었다. 또한 **척신 세력을 제거하여 정치의 기강을 바로잡았고, 당색을 가리지 않고 어진 이들을 모아 학문을 장려하였다.** 침전에는 '탕탕평평실(蕩蕩平平室)'이라는 편액을 달았으며, "하나의 달빛이 땅 위의 모든 강물에 비치니 강물은 세상 사람들이요, 달은 태극이며 그 태극은 바로 나다(만천명월주인옹)."라고 하였다.

- 『정조실록』

❹ [31] 의 폐단

- **조선에서는 정권을 세도(世道)라고 하며 어떤 사람이나 집안이 그것을 가지는데,** 왕이 세도의 책임을 명하면 지니고 있는 관직에 관계없이 의정 판서에게 명령을 내릴 수 있고, 국가의 중대사와 모든 관료의 보고를 왕보다 먼저 들을 수 있었다.

  - 박제형, 『근세조선정감』

- 대사헌 조득영(趙得永)이 상소하기를, 박종경은 과연 어떤 인물이기에 관직을 홀로 거머쥐고, 맑고 화려한 관직들을 주무르기를 내가 아니면 아무도 안된다고 하며, 일이 권한에 관계된 것이면 자기의 물건으로 여기고, 사방에 근거를 굳혀 한 몸으로 모두 담당하려 합니까? 세간에서 칭하는 바 문관의 권한, 무관의 권한, 인사의 권한, 비변사의 권한, 군사의 권한, 재정의 권한, 토지세의 권한, 주교사의 권한, 시장 운영의 **권한을 모두 손안에 잡아 득의양양하며 왼손에 칼자루를, 오른손엔 저울대를 쥐어 거리낌이 없습니다.**

  - 『순조실록』

- 헌종 15년 2월, 하교하기를, "과장(科場)의 폐단은 예전에도 혹 있었으나, 예전 과장의 폐단은 고시(考試)를 명백히 하기 어렵고 정식(程式)을 공교히 하지 못하는 데에 있었을 뿐인데, **지금 과장의 폐단은 고시·정식 밖에 있는 것이 또 있다.** 물색(物色)으로 뽑고 서찰(書札)로 꾀하여 허다히 법을 업신여기고 사(私)를 꾀하는 버릇을 예사로 행하며 심하면 막중한 국시(國試)를 농단(壟斷)하는 사화(私貨)로 삼기까지 한다. 이 때문에 번번이 대과(大科)·소과(小科)를 겪으면 문득 중외(中外)의 희망을 잃어 어지럽고 해괴한 소문이 사방에 파다하니 이를 막지 않으면 나라가 어떻게 나라답겠는가? …… 대저 선비의 추향(趨向)이 바르지 않은 것은 시관(試官)이 공정을 지키지 않아서 그런 것이고 시관이 공정을 지키지 않는 것은 나를 속일 수 있다고 생각하여 꺼리는 것이 없어서 그런 것이니, …… "

  - 『헌종실록』

정답 1 사도세자 2 벽파 3 완론 4 산림 5 서원 6 이조 전랑 7 형벌 8 삼심제 9 『속대전』 10 규장각 11 초계문신제 12 진산 13 장용영 14 수원 화성 15 거중기 16 준론 17 수령 18 서얼 19 이덕무 20 규장각 21 『대전통편』 22 순조 23 헌종 24 안동 김씨 25 외척 26 삼정 27 신유박해 28 비변사 29 홍경래 30 철종 31 세도 정치

03 경제사 고대

100

194 — 고구려 고국천왕, ______[1] 실시
(춘대추납제, 농민 경제 안정 목적)

400

490 — 신라 소지 마립간, 경주에 ______[2] (시장) 개설❶

500

502 — 신라 ______[3],
순장 금지, 우경(牛耕) 장려❷

509 — 신라 지증왕, ______[4] (시장 감독 기관) 설치

600

687 — 신라 신문왕, ______[5] 지급❸

689 — 신라 신문왕, ______[6] 폐지·세조(歲租) 지급

[식읍·녹읍·관료전]
- ______[7] : 왕족, 공신에게 일정 지역의 조세 수취와 노동력 징발 권한 부여
- 녹읍 : 귀족 관료에게 직무의 대가로 지급한 토지, 조세 수취와 ______[8] 징발 가능 → 귀족의 경제적 토대
- 관료전 : 관리들에게 봉급 대신 지급한 토지, ______[9] 만을 인정 → 왕권 강화 목적

695 — 신라 ______[10],
경주에 서시와 남시(시장) 설치,
서시전·남시전(시장 감독 기관) 설치

695 — 신라 효소왕, 신라 촌락 문서❹ 작성(추정)

[신라 촌락 문서(민정 문서)]
- ______[11] 가 매년 변동 사항을 조사하여 ______[12] 마다 다시 작성
- 서원경(청주) 부근 4개 촌락의 호(戶) 수, 인구 수, 소·말의 수, 토지의 종류와 면적, 뽕·잣·호두나무(가래나무) 수 기록
- 사람(人)은 성별·______[13] 별로 6등급, 호(戶)는 사람의 많고 적음에 따라 ______[14] 으로 나누어 파악

700

722 — 신라 성덕왕, 정전(丁田) 지급

757 — 신라 ______[15], 녹읍 부활

799 — 신라 소성왕, ______[16] 거로현을 국학생의 녹읍으로 삼음

800

828 — 신라 흥덕왕,
장보고가 ______[17] 에 청해진 설치❺

[장보고의 활약]
- ______[18] 설치 → 서·남해안의 해상 무역권 장악, 당·일본과의 무역❻ 독점
- 당에 ______[19], 일본에 회역사(무역 사절단) 파견
- 산둥 반도 적산촌에 ______[20] (사찰) 건립
- 민애왕을 몰아내고 신무왕 옹립(839)

834 — 신라 ______[21], 사치 금지령 반포

사료까지 한 번에 총정리!

❶ 시장 개설

- (소지 마립간 때) 처음으로 서울에 **시장을 열어 사방의 물화를 통하게 하였다.** – 『삼국사기』
- 시장에서 물건을 사고파는 것은 모두 부녀(婦女)들이 한다. – 『신당서』

❷ 신라 지증왕 때의 순장 금지와 ______[22] 장려

지증왕 재위 3년 봄 2월에 명령하여 **순장(殉葬)을 금하였다.** 전에는 국왕이 죽으면 남녀 각 5명씩 순장하였는데, 이때 이르러 금한 것이다. …… 3월에는 주와 군의 수령에게 명하여 농사를 권장케 하였고, **처음으로 소를 부려서 논밭을 갈았다.** – 『삼국사기』

❸ 통일 신라 토지 제도의 변화

- 신문왕 7년(687) 5월에 **문무 관료전을 지급**하되 차등을 두었다.
- 신문왕 9년(689) 1월에 내외관의 **녹읍을 혁파**하고 매년 조(租)를 내리되 차등이 있게 하여 이로써 영원한 법식을 삼았다.
- 성덕왕 21년(722) 8월에 처음으로 백성에게 **정전을 지급**하였다.
- 경덕왕 16년(757) 3월에 여러 내외관의 월봉을 없애고 **다시 녹읍을 나누어** 주었다.
- 소성왕 원년(799) 3월에 청주 거로현을 국학생의 녹읍으로 삼았다. – 『삼국사기』

❹ 신라 촌락 문서(= ______[23])

토지는 논, 밭, 촌주위답, 내시령답 등 **토지의 종류와 면적을 기록**하고, 사람들은 인구, 가호, 노비의 수와 3년 동안의 사망, 이동 등 변동 내용을 기록하였다. 그 밖에, 소와 말의 수, 뽕나무, 잣나무, 호두나무의 수까지 기록하였다. 특히, **사람은 남녀별로 구분**하고, 16세에서 60세의 남자의 연령을 기준으로 **나이에 따라 6등급**으로 구분하여 기록하였다. **호(가구)는 사람의 많고 적음에 따라** 상상호(上上戶)에서 하하호(下下戶)까지 **9등급**으로 나누어 파악하였다. 기록된 4개 촌은 호구 43개에 총인구는 노비 25명을 포함하여 442명(남 194, 여 248)이며, 소 53마리, 말 61마리, 뽕나무 4,249그루 등의 재산을 소유하고 있었다.

❺ ______[24] 설치

장보고가 귀국하여 흥덕왕을 뵙고 아뢰기를, "중국의 어디를 가든지 우리나라 사람들을 노비로 삼고 있으니 **청해에 진영을 설치**하여 해적이 사람들을 잡아 서쪽으로 데려가지 못하게 해 주십시오."라고 하였다. 왕은 그 말에 따라 군사 만 명을 주어 **해상을 방비**하게 하였다. – 『삼국사기』

❻ 통일 신라와 발해의 대외 무역로

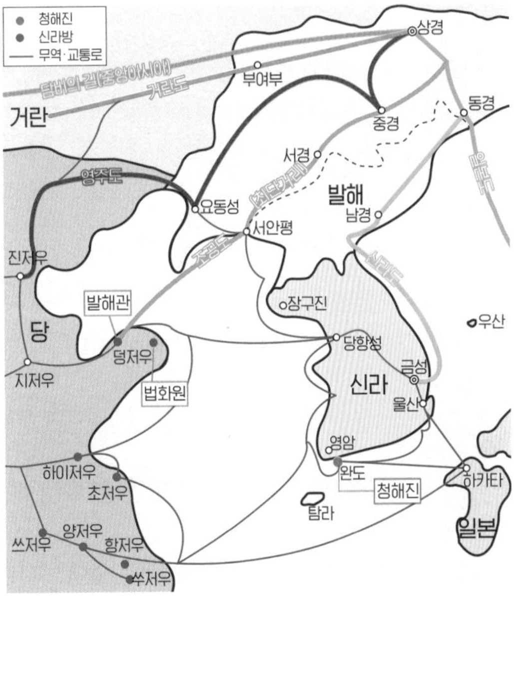

정답 1 진대법 2 시사 3 지증왕 4 동시전 5 관료전 6 녹읍 7 식읍 8 노동력 9 수조권 10 효소왕 11 촌주 12 3년 13 연령 14 9등급 15 경덕왕 16 청주 17 완도 18 청해진
19 견당매물사 20 법화원 21 흥덕왕 22 우경 23 민정 문서 24 청해진

03 경제사 고려 ①

900

940 — 고려 태조, ______[1] ❶ 지급

[역분전]
공신들의 충성도와 ______[2]을 고려해 토지 분급 → 논공행상적 성격

949 — 광종, 주현공부법 실시

963 — 광종, ______[3] 설치
(빈민 구제 목적)

[고려의 보]
- 학보(태조) : 서경에 설립한 장학 재단
- 경보(정종) : 불경 간행을 위해 만든 재단
- ______[4](정종) : 승려의 면학을 위해 만든 재단
- 제위보(광종) : 빈민 구제를 위해 만든 재단
- 금종보(현종) : ______[5]의 금종 관리를 위해 만든 재단
- ______[6](문종) : 팔관회의 경비 마련을 위해 만든 재단

976 — 경종, ______[7] 전시과❷ 시행

[전시과 제도의 특징]
- 전지(田地) + ______[8](柴地) 지급
- 수조권 지급, 원칙적으로 ______[9] 불가,
- 전시과 제도가 완비될수록 토지 분급량 감소

986 — 성종, ______[10]을 의창❸으로 확대·개편

993 — 성종, 상평창(물가 조절 기구) 설치

996 — 성종, ______[11](철전) 주조
(우리나라 최초의 화폐)
→ 널리 유통되지는 못함❹

998 — ______[12], 개정 전시과 시행

1000

1049 — 문종, 공음전 완비

1076 — 문종, ______[13] 전시과 시행, 녹봉제 실시

[전시과 제도의 변천]
- 시정 전시과(경종)
  - ______[14] + 인품 기준, 전·현직 관리에게 토지 분급
  - 4색 공복(자·단·비·녹)에 따라 등급을 나누어 지급
- 개정 전시과(목종)
  - 관품만 고려, 18과 전시과, 전·현직 관리에게 토지 분급
  - 문관 우대, 군인전 규정
  - ______[15] 제도화
- 경정 전시과(문종)
  - ______[16] 관리에게만 토지 분급
  - 공음전·한인전·구분전 지급
  - ______[17] 차별 대우 완화
  - 별정 전시과(별사전, 무산계 전시) 정비
  - 한외과 소멸

[전시과 제도하의 토지 종류]
- 공음전 : ______[18]품 이상 관료 대상, 세습 가능
- ______[19] : 6품 이하 하급 관료의 자제로서 관직에 오르지 못한 자에게 지급
- 군인전 : 군역이 세습됨에 따라 자손에게 세습(전정연립)
- 외역전 : 향직이 세습됨에 따라 자손에게 세습(전정연립)
- ______[20] : 하급 관료와 ______[21]의 유가족에게 지급
- 내장전 : 왕실의 경비 충당
- ______[22] : 관청의 경비 충당
- 사원전 : 사원에 지급
- 민전 : 매매·기증·상속 등이 가능한 사유지, 수확량의 1/10 납부

1097 — 숙종, ______[23] ❺ 설치
(의천의 건의, 화폐 주조)

사료까지 한 번에 총정리!

❶ 역분전

처음으로 역분전(役分田)을 정했다. 통합 때의 조신과 군사들에게 관계(官階)를 논하지 않고 **인성과 행실의 선악, 공로의 대소를 보고 차등 있게 지급**하였다. -『고려사』

❷ 전시과

- **전시과** : 고려의 토지 제도는 대개 당의 그것과 비슷하였다. 개간된 토지의 수효를 총괄하고 기름지거나 메마른 토지를 구분하여 문무백관으로부터 부병(군인), 한인(閑人)에까지 일정한 과(科)에 따라 모두 토지를 주고, 또 **등급에 따라 땔나무를 베어낼 땅(시지)을 주었다.** 이를 전시과라고 한다.
- **시정 전시과** : 경종 원년 11월에 비로소 직관(職官), 산관(散官)의 각 품(品)의 전시과를 제정하였는데 **관품(官品)의 높고 낮은 것은 논하지 않고 다만 인품(人品)만 가지고 전시과의 등급을 결정**하였다.
- **개정 전시과** : **목종 1년(998) 12월 문무 양반 및 군인들의 전시과를 개정**하였다. 제1과는 전 100결·시 70결(내사령, 시중), …… 제17과는 전 23결, 제18과는 전 20결(유외잡직, 제보군)로 한다. 이 **범위 안에 들지 못한 자(한외과)에게는 모두 전지 17결을 지급**하고 이를 항구적으로 지켜야 할 법식으로 제정하였다.
- **경정 전시과** : **문종 30년(1076)에 전시과를 다시 개정**하였다. 제1과는 전지 100결·시 50결(중서령, 상서령, 문하시중) …… 제18과는 전 17결(한인, 잡류)로 한다. -『고려사』

❸ 의창 설치

성종 5년(986) 7월, 왕이 다음과 같이 하교하였다. "…… 국가는 사람을 근본으로 삼고, 사람은 먹는 것을 하늘로 삼는다고 하였다. 이리하여 우리 태조께서는 흑창을 설치해 곤궁한 민(民)들을 진휼하고자 이를 상시적으로 제도화했던 것이다. 지금 인구는 점차 늘어나는데 비축한 것이 많지 못하니 **쌀 1만석을 추가로 들여 의창으로 이름을 고친다.** 또한 **각 주·부에도 의창을 설치**하고자 하니 해당 관청에서는 주·부의 인호(人戶)의 많고 적음과 비축한 곡식의 수와 물목을 조사해 보고하도록 하라." -『고려사』

❹ 고려 시대 화폐 유통

건원중보

목종 5년 7월, 왕이 명령하여 말하였다. "…… **선왕(성종)께서는 옛 법제에 따라 조서를 반포하여 화폐를 주조**하게 하였다. 수년 만에 돈 꾸러미가 창고에 가득 찼고 쓰기에 편리하였다. 그리하여 대신들에게 잔치를 열고 길일을 택하여 철전을 사용하게 하니, 이때부터 **철전이 계속 유통되어 왔다.** 내가 외람히 왕위를 계승하고 삼가 부왕이 남겨준 뜻을 받들어 특히 화폐로 매매하는 밑천을 풍부하게 하고 이를 준엄히 행하기 위한 제도를 엄격히 세웠다. …… 차, 술, 음식 등을 파는 각종 **상점들에서 매매**하는 데는 전과 같이 **철전**을 쓰도록 하고, 그 이외에 **백성들이 사사로이 매매**하는 데는 **토산물**을 임의로 사용하게 하라." -『고려사』

❺ 주전도감 설치

숙종(肅宗) 2년(1097) 12월 교서(敎書)를 내리기를, "예로부터 우리나라는 풍속이 소박하고 간소하였는데, 문종(文宗) 때에 이르러 문물(文物)과 예악(禮樂)이 이처럼 융성하게 되었다. 짐은 선왕의 업적을 계승하여 장차 민간에 큰 이익을 일으키고자 **주전(鑄錢)하는 관청을 세우고 백성들에게 두루 유통시키려 한다.**"라고 하였다. -『고려사』

고려의 대외 무역

정답 1 역분전 2 인품 3 제위보 4 광학보 5 현화사 6 팔관보 7 시정 8 시지 9 세습 10 흑창 11 건원중보 12 목종 13 경정 14 관품 15 한외과 16 현직 17 무관 18 5 19 한인전 20 구분전 21 군인 22 공해전 23 주전도감

03 경제사 고려 ②

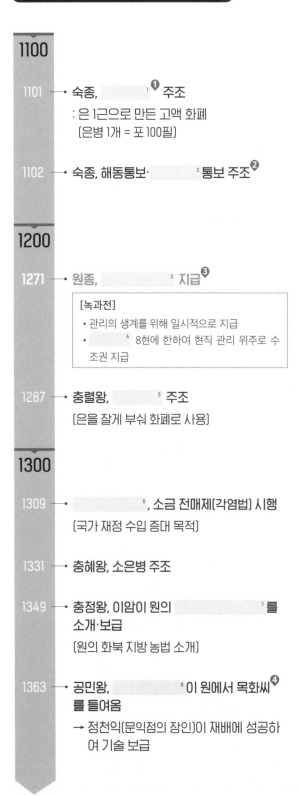

1100

1101 → 숙종, _____[1] ❶ 주조
: 은 1근으로 만든 고액 화폐
(은병 1개 = 포 100필)

1102 → 숙종, 해동통보·_____[2] 통보 주조 ❷

1200

1271 → **원종, _____[3] 지급** ❸

[녹과전]
- 관리의 생계를 위해 일시적으로 지급
- _____[4] 8현에 한하여 현직 관리 위주로 수조권 지급

1287 → 충렬왕, _____[5] 주조
(은을 잘게 부숴 화폐로 사용)

1300

1309 → _____[6], 소금 전매제(각염법) 시행
(국가 재정 수입 증대 목적)

1331 → 충혜왕, 소은병 주조

1349 → 충정왕, 이암이 원의 _____[7] 를 소개·보급
(원의 화북 지방 농법 소개)

1363 → 공민왕, _____[8] 이 원에서 목화씨 ❹ 를 들여옴
→ 정천익(문익점의 장인)이 재배에 성공하여 기술 보급

1391 → 공양왕, _____[9] 발행
(우리나라 최초의 지폐, 제대로 유통되지 못함 → 1402년 태종 때 저화 재발행)
- **공양왕, 과전법 제정** ❺

[과전법]
- **배경** : 권문세족의 불법적 토지 겸병으로 인한 재정 악화
- **목적** : _____[10] 의 경제적 기반 확보, 국가 재정 기반 확충
- **원칙** : 십일제(1/10), 병작반수 금지, 전·현직 관리에게 _____[11] 지역 토지 분급, 세습 불가의 원칙(_____[12], 휼양전 예외)

사료까지 한 번에 총정리!

❶ 은병(활구)

주전도감에서 왕에게 아뢰기를 "백성들이 화폐를 사용하는 유익함을 이해하고 그것을 편리하게 생각하고 있으니 이 사실을 종묘에 알리십시오."라고 하였다. 이해에 또 **은병을 만들어 화폐로 사용**하였는데, **은 한 근으로 우리나라의 지형을 본떠**서 만들었고 민간에서는 활구라고 불렀다.

❷ [13] 대의 화폐 주조

왕 7년(1102), 왕이 명하기를 "백성들을 부유하게 하고 나라의 이익이 되는 데 돈보다 중요한 것은 없다. 이제 금속을 녹여 돈을 만드는 법령을 제정한다. **돈 15,000꾸러미를 주조**하여 문무 양반과 군인들에게 나누어 주어 **돈 통용의 시초로 삼도록 하라.**"고 하였다. - 『고려사』

해동통보 삼한통보

❸ 녹과전 지급

원종 12년 2월에 도병마사가 아뢰기를, "근래 병란이 일어남으로 인해 창고가 비어서 백관의 녹봉을 지급하지 못하여 사인(士人)을 권면할 수 없었습니다. 청컨대 **경기 8현을 품등에 따라 녹과전으로 지급**하소서."라고 하였다. - 『고려사』

❹ [14] 의 전래

정사 **문익점은 원나라에 갔다가 돌아오는 길에 목화를 보고, 그 씨 10여 개를 따서 주머니에 넣어 가지고 왔다.** 1364년에 진주에 와서 절반을 정천익에게 주어 심어서 기르게 하더니 단 한 개만이 살아남았다. 정천익이 가을이 되어 씨를 따니 백여 개나 되었다. 해마다 더 심어서 3년 뒤에는 동리 사람들에게 심어 기르도록 하였다. 문익점 자신이 심은 것은 모두 꽃이 피지 않았다. 중국 승려 홍원이 정천익의 집에 오자 천익은 그를 머물게 하고 며칠 동안 대접하였다. 그는 실을 뽑고 베를 짜는 기술을 가르쳐주고 기구까지 만들어주었다. **천익이 여종에게 가르쳐서 베를 짜서 무명 1필을 만들었다.** 이웃 마을에 전하여 서로 배우고 온 고을에 보급되고, 이후 10년이 못돼 온 나라에 보급되었다. - 『태조실록』

❺ [15] 제정

공양왕 3년(1391) 5월, 도평의사사가 글을 올려 과전을 지급하는 법을 정할 것을 요청하니 왕이 따랐다. …… 능침전(陵寢田)·창고전(倉庫田)·궁사전(宮司田)·군자시전(軍資寺田) 및 사원전(寺院田)·외관직전(外官職田)·늠급전(廩給田), 향리전(鄕吏田)·진리전(津吏田)·역리전(驛吏田)·군전(軍田)·장전(匠田)·잡색전(雜色田)을 정하였다. **경기는 전국의 근본이 되는 땅이므로 마땅히 여기에다 과전을 설치하여 사대부를 우대한다.** 대체로 서울에 살면서 왕실을 호위하는 자는 **현직과 산직을 막론하고 저마다 등급에 따라 토지를 받는다.** …… **땅을 받은 자가 죽은 뒤 아내에게 자식이 있고 절개를 지키면 남편의 과전 전부를 물려받는다. 자식이 없이 수절한 자는 절반을 물려받는다. 부모가 다 죽고 자식이 어리면 가엾게 여겨 마땅히 부양해 주어야 하므로, 아버지의 과전 전부를 물려받는다.** 나이 20세가 되면 본인의 과에 따라 받게 하고, 여자는 남편의 과에 따라 받게 한다. 나머지 토지는 다른 사람들이 갈라 받는 것을 허락한다. …… 공신전은 특별히 자손들에게 상속시키는 것을 허락한다. …… 모든 공사전의 조는 논 1결에 현미 30두, 밭 1결에 잡곡 30두로 한다. 이밖에 불법적으로 징수한 자는 장물로 취급하여 처벌한다. - 『고려사』

정답 1 은병(활구) 2 삼한 3 녹과전 4 경기 5 쇄은 6 충선왕 7 『농상집요』 8 공민왕 9 자섬 10 신진 사대부 11 경기 12 수신전 13 숙종 14 목화 15 과전법

03 경제사 조선 ①

1400

1402 — 태종, ____[1] 발행

1412 — 태종, 종로에 시전 설치

1423 — 세종, 해서체 ____[2] 발행

1426 — 세종, 3포 개항
(제포·염포·부산포)

1429 — 세종, ____[3] ❶편찬
(우리 풍토에 맞는 농법 정리)

1444 — 세종, ____[4]과 연분 9등법❷의 공법 제정

> [전분 6등법]
> 양전 사업 후 토지 ____[5]에 따라 1등전~6등전으로 구분
>
> [연분 9등법]
> - ____[6]의 정도에 따라 상상년~하하년까지 9등급으로 구분
> - 토지 1결당 최고 ____[7]두~최저 4두 부과

1464 — 세조, ____[8] 주조
(화살촉 모양의 동전, 유통 X)

1466 — 세조, 직전법 실시❸

> [직전법]
> - 배경 : 세습전 증가로 경기도의 ____[9] 부족
> - 목적 : 토지 부족 보완
> - 내용 : ____[10] 관리에게만 수조권 지급, 수신전·____[11] 폐지
> - 결과 : 관리들의 토지 사유화, 수조권 남용

1470 — ____[12], 관수 관급제 실시❹

> [관수 관급제]
> - 배경 : 관리들의 농민에 대한 과도한 수취(수조권 남용)
> - 목적 : 국가의 토지 지배권 강화
> - 원칙 : 국가(지방 관청)에서 ____[13] 대행
> - 결과 : 농장 확대 심화(→ 지주 전호제 가속화)

1500

1541 — 중종, ____[14] 실시
(방군수포와 대립제의 성행
→ 군역의 의무 대신 국가에 포 납부)

1556 — ____[15], 직전법 폐지
→ 관료에게 ____[16]만 지급

> [직전법 폐지]
> - 배경 : 수조지 부족 현상
> - 목적 : 재정 확보, 국가의 토지 지배권 강화
> - 원칙 : 현물(녹봉)만 지급
> - 결과 : 농장의 보편화(→ ____[17] 소멸)

1600

1608 — 광해군, ____[18]에 대동법 실시

> [대동법]
> - 목적 : ____[19]의 폐단❺ 시정 목적으로 대동법 실시❻
> - 내용 : 토지 결수에 따라 쌀(토지 1결당 ____[20]두) 또는 무명·동전 등으로 차등 징수 → 토지가 적은 농민의 부담 감소
> - 결과 : ____[21] 등장 → 상품 화폐 경제의 발전, 공납의 전세화, ____[22]의 금납화, 농민의 부담 경감, 국가 재정 증대(상납미의 증가)
> - 한계 : ____[23]에만 적용, 별공·진상의 현물 공납 존속, ____[24] 감소로 지방 재정 약화

사료까지 한 번에 총정리!

❶ 『농사직설』 서문

농사는 천하의 대본이다. …… 이제 우리 주상 전하께서 밝은 가르침을 계승하시고 다스리는 도리를 도모하시어 더욱 백성들의 일에 뜻을 두셨다. **5방(五方)의 풍토가 다르고 곡식을 심고 가꾸는 법이 각기 있어** 고서(古書)의 내용과 맞지 않음을 아시고 각 도 감사에게 명하여 주와 현의 늙은 농부들이 경험한 바를 모두 들어 올리라 하였다. 중복됨이 없는 간결한 내용을 한편의 책으로 엮었으니, 이름하여 **『농사직설』**이라 하였다.

❷ 25 실시

무릇 토지는 매년 9월 보름 이전에 **수령이 그해의 농사 형편을 살펴 등급을 매긴다.** 관찰사가 이를 심의·보고하면 의정부와 6조가 함께 의논하여 임금에게 보고하고 조세를 거둔다. 소출이 10분의 10이면 **상상년**으로 매 1결에 20말씩 거두며 …… 2분이면 **하하년**으로 4말씩 거두며, 1분이면 면세한다.

– 『세종실록』

❸ 26 실시 반대 상소

대사헌 양지가 상소하였다. "과전은 사대부를 기르는 것입니다. 장차 직전을 두려고 한다는데, 조정의 신하는 직전을 받게 되지만 **벼슬에서 물러난 신하와 무릇 공경대부의 자손들은 1결의 토지도 가질 수 없게 되니** 이는 대대로 국록을 주는 뜻에 어긋납니다. 관리들이 녹봉을 받지 못한다면 서민과 다를 바가 없게 되어 세신이 없게 될 것이니 이를 염려하지 않을 수 없습니다."

– 『세조실록』

❹ 27 실시

대비(大妃)께서 하교하시기를, "직전은 사람들이 한결같이 폐단이 있다고 말한다. …… 의논하여 혁파함이 어떠하겠는가." 도승지가 대답하기를, "전에 과전은 아버지가 사망하여 아들이 이어받은 것을 휼양전이라 하고, 남편이 사망하여 아내가 이어받은 것을 수신전이라 하였습니다. 이를 혁파하여 직전으로 삼았는데, 간혹 지나치게 거두어 원망하는 사람들이 있습니다. 만약 **관이 직접 직전세를 거두어 전주(田主)에게 준다면 그 폐단이 없어지게 될 것입니다.**"라고 하였다.

– 『성종실록』

❺ 방납의 폐단

선조 원년 5월, 조식이 상소를 올리기를, "…… 예로부터 권신, 외척, 환관으로서 나라를 마음대로 했던 자도 있었지만, 지금처럼 서리(胥吏)가 나라를 마음대로 했던 것은 들어보지 못했습니다. …… **지방 토산물의 공납을 일체 막아 한 물건도 상납하지 못하게 합니다.** 공물을 바치는 사람이 구족(九族)의 것을 모으고 가업을 팔아넘겨 관사(官司)에는 내지 않고 개인에게 내는데, **본래 값의 백 배가 아니면 받지도 않습니다.**

– 『선조실록』

❻ 28 실시

선혜청을 설치하였다. **영의정 이원익이 제의**하기를, "각 고을에서 진상하는 공물이 각급 관청의 방납인에 의해 중간에서 막혀 한 물건의 값이 3, 4배 혹은 수십, 수백 배까지 되어 그 폐해가 극심하고, 특히 경기 지방은 더욱 그러합니다. 지금 마땅히 별도로 하나의 청을 설치하여 매년 봄, 가을로 백성에게서 쌀을 거두되 토지 1결마다 두 번에 걸쳐 8두씩 거두어 본청에 수납하게 하고, 본청은 그때의 물가 시세를 보아 **쌀로써 방납인에게 지급하여 수시로 물건을 구입하게 하소서.**" 하니 임금이 이에 따랐다.

– 『광해군일기』

정답 1 세종 2 조선통보 3 『농사직설』 4 전분 6등법 5 비옥도 6 풍흉 7 20 8 연분 9등법 9 과전(토지) 10 현직 11 휼양전 12 직전 13 수조권 14 관수관급제 15 명종 16 녹봉
17 수조권 18 경기도 19 병작 20 12 21 공인 22 조세 23 상공 24 방납 25 연분 9등법 26 직전법 27 관수관급제 28 대동법

03 경제사 조선 ②

1600

1633 — 인조, 상평통보 주조
→ 전국적 유통 X

1635 — 인조, ________[1] 실시❶

[영정법]
- 배경 : 공법의 유명무실화
- 내용 : 풍흉에 관계없이 전세를 토지 1결당 미곡 ________[2]두로 고정 → 지주와 자작농의 부담 완화
- 한계 : 여러 명목의 부가세가 농민에게 전가됨

1651 — 효종, ________[3] 시행
(호조에서 민간인의 광산❷ 채굴권 허용)
- 효종, 충청도에 대동법 실시

1653 — 효종, ________[4] 시행
→ 1등전에서 사용하는 자(척, 尺) 하나로 양전 실시

1655 — 효종, 『농가집성』 간행
(벼농사 중심의 농법 소개, 이앙법 보급에 공헌)

1662 — 현종, 제언사 복설
(임진왜란 이후 폐지되었다가 복설, 수리 시설 및 제방 관련 업무 담당)

1678 — 숙종, ________[5]❸ 주조
→ 전국적으로 유통 확대

[상평통보 유통 과정]
- 인조(1차) : 개성을 중심으로 유통(시범적)
- 효종(2차) : 서울 및 일부 지방 유통
- 숙종(3차) : 상평통보를 법화로 채택
  → 18C 전반 전국적으로 유통 확대

1700

1708 — ________[6], 대동법 전국으로 확대·실시

[대동법 실시 과정]
경기도(1608, ________[7]) → 강원도(인조) → 충청도(효종)·전라도(연해-효종, 내륙-현종) → 함경도·________[8]·제주도를 제외한 전국에서 실시(1708, 숙종)

1750 — 영조, ________[9] 실시

[균역법]
- 목적 : 양역의 폐단❹ 시정 목적으로 균역법 실시❺
- 내용 : 1년에 2필씩 내던 군포를 ________[10]로 감면
- 결과 : 재정 보완 위해 지주에게 결작 부과(1결당 2두), ________[11] 징수(1년에 1필), 어장세·________[12]·염세의 균역청 예속
- 한계 : 군적의 문란 지속, 결작의 소작농 전가로 인한 농민 부담 증가

1763 — 영조, 일본에서 고구마 수입
→ 조엄(통신사)에 의해 수입, 식량 수급에 공헌

1775 — 영조, ________[13] 시행
(물주에게 설점 허가, 수령이 세금 수취)

1778 — 정조, 『제언절목』 반포
→ 정조 때 만석거(1795), 만년제(1798), 축만제(1799) 등의 ________[14] 축조

1791 — 정조, 신해통공❻
(________[15]을 제외한 시전 상인의 ________[16] 폐지)
→ 사상의 자유로운 상업 활동 보장

사료까지 한 번에 총정리!

❶ 영정법 실시

삼남 지방은 처음에 각 등급으로 결수를 정하고 조안에 기록하였다. 영남은 상지하(上之下)까지만 있게 하고, 호남과 호서 지방은 중지중(中之中)까지만 있게 하며, 나머지 5도는 모두 하지하(下之下)로 정하여 전례에 의하여 징수한다. **경기·삼남·해서·관동은 모두 1결에 전세 4두를 징수**한다.

– 서영보 등, 『만기요람』

❷ 광산의 발달

효종 2년 처음으로 설점수세 제도를 실시하였다. 호조에서 장계를 올렸다. "…… **매번 나라 힘으로 채굴을 하면 비용이 많이 든다.** 채굴을 담당하는 관리가 은광을 개발한 다음 백성을 모아 운영하게 하고 적절히 액수를 정해 세금을 내게 한다면 …… 관리를 **보내 은광을 열고 백성들에게 세금을 내게 한다면 부상대고들이 반드시 즐거이 올 것입니다.**" 이에 임금이 따랐다.

–『증보문헌비고』

❸ 상평통보의 유통

숙종 4년 1월 을미, 대신과 비변사의 여러 신하들을 접견하고 비로소 돈을 사용하는 일(행전법)을 정하였다. 돈은 천하에 통행하는 재화인데 오직 우리나라에서는 예부터 누차 행하려고 하였으나 행할 수 없었다. 동전이 토산이 아닌데다 풍속이 중국과 달라서 막히고 방해되어 행하기 어려운 폐단이 있었기 때문이었다. 이때에 이르러 대신 허적과 권대운 등이 시행하기를 청하였다. 임금이 군신에게 물으니, 군신들이 모두 그 편리함을 말하였다. 임금이 그대로 따르고 해당 관청에 명하여 **상평통보를 주조**하여 돈 400문을 은 1냥 값으로 정하여 **시중에 유통하게 하였다.**

–『숙종실록』

❹ ______[17] 의 폐단

나라의 100여 년에 걸친 고질 병폐로서 가장 심한 것은 양역(良役)이니 호포, 구전, 유포, 결포의 말이 어지러이 번갈아 나왔으나 적절히 따를 바가 없습니다. 백성은 날로 곤란해지고 폐해는 날이 갈수록 심해지니 혹 한 집안에 부자 조손(祖孫)이 군적에 한꺼번에 기록되어 있거나 혹은 3~4명의 형제가 한꺼번에 군포를 납부해야 합니다. 또한 이웃의 이웃이 견책을 당하고(**인징**), 친척의 친척이 징수를 당하며(**족징**), 황구(黃口, 어린아이)는 젖 밑에서 군정으로 편성되고(**황구첨정**), 백골(白骨)은 지하에서 징수를 당하며(**백골징포**), 한 사람이 도망하면 열 집이 보존되지 못하니, 비록 좋은 재상과 현명한 수령이라도 역시 어찌할 수 없습니다.

–『영조실록』

❺ ______[18] 실시

양역(良役)의 절반을 감하라고 명하였다. …… 임금이 말하기를, "구전(口錢)은 한 집안에서 거두는 것이니 주인과 노비의 명분이 문란하며, 결포(結布)는 이미 정해진 세율이 있으니 결코 더 부과하기가 어렵고, 호포(戶布)가 조금 나을 것 같아 1필을 감하고 호전(戶錢)을 걷기로 하였으나 마음은 매우 불편하다. …… 호포나 결포나 모두 문제점이 있다. 이제는 1필로 줄이는 것으로 돌아가야 할 것이니, 1필을 줄였을 때 생기는 세입 감소분을 보완할 대책을 강구하라."하였다.

–『영조실록』

❻ ______[19] 정책 추진

5~6년 전부터 서울 안에 놀고먹는 무리들 가운데 **평시서(상행위 감독청)에 출원하여 시전을 새로 낸 자가 대단히 많다.** 이들은 상품을 판매하는 일보다 난전 잡는 일을 일삼고 있다. …… 내 생각으로는 **정부가 평시서의 전안(시전 목록)을 조사**하여 십 년 이내에 조직된 작은 시전은 **금난전권을 모두 없애 영세민들을 구제하여야 한다.**

–『비변사등록』

정답 1 영정법 2 4~6 3 설점수세제 4 양척동일법 5 상평통보 6 숙종 7 광해군 8 평안도 9 균역법 10 1필 11 선무군관포 12 선박세 13 수령수세제 14 저수지 15 육의전 16 금난전권 17 양역 18 균역법 19 통공

PART I 전근대사

04 사회사 고대

100

194 → 고구려 ______[1], 진대법 실시❶

500

520 → 신라 법흥왕, ______[2] 반포

576 → 신라 ______[3], 화랑도❷ 정비

579 → 신라, ______[4] 회의❸에서 진지왕 폐위

600

647 → 신라 선덕여왕, ______[5]·염종의 난

654 → 신라 ______[6]의 사망(성골 소멸)
→ 최초의 진골 출신 왕 ______[7] 즉위❹
(태종 무열왕)

681 → 신라 신문왕, ______[8] 모역 사건

700

768 → 신라 혜공왕, ______[9]·대렴의 난
→ 96각간의 난

780 → 신라 혜공왕, ______[10]의 난
→ 혜공왕 피살,
선덕왕 즉위(신라 하대 시작)

800

822 → 신라 ______[11], 김헌창의 난

825 → 신라 헌덕왕, ______[12]의 난

834 → 신라 흥덕왕,
______[13] 반포❺

889 → 신라 ______[14], 원종·애노의 난
(______[15]에서 일어난 농민 반란)

894 → 신라 진성여왕,
______[16]의 시무 10여 조 건의
(진골 귀족의 반발로 시행되지 못함)

896 → 신라 진성여왕, ______[17]의 난❻

897 → 쟁장 사건(신라 vs 발해)

900

906 → ______[18] 사건(신라 vs 발해)

[발해와 신라의 경쟁 관계를 보여주는 사건]
- ______[19] 사건 : 발해 왕자 대봉예가 신라 사신보다 윗자리에 앉기를 요청했다가 신라의 반발로 당이 거절한 사건
- 등제 서열 사건 : 당의 ______[20] 합격자 명단 순서를 두고 발해와 신라가 대립한 사건

사료까지 한 번에 총정리!

❶ [21] 실시

왕(고국천왕)이 사냥을 나갔다가 길거리에서 주저앉아 울고 있는 자를 보고 왜 우는지 물으니 이렇게 대답했다. "신이 가난하여 품팔이로 어미를 봉양해 왔는데, 흉년이 들어 한 줌의 양식도 얻지 못해서 웁니다." 이에 왕이 …… **해마다 봄 3월부터 가을 7월까지 관곡을 내어** 백성의 가구의 다소(多少)에 따라 **진대(賑貸)함에 차등**을 두고, **겨울 10월에 이르러 도로 거둬들이게 법규를 만드니** 모든 사람이 크게 기뻐했다. - 『삼국사기』

❷ 신라의 화랑도

진흥왕 37년(576) 봄, 처음으로 원화(源花) 제도를 두었다. …… 그 뒤 다시 **미모의 남자를 택하여 곱게 단장시켜 '화랑'이라 부르고 받들게 하였다.** 그러자 무리들이 구름처럼 모여들었다. 서로 도의를 연마하고 노래와 음악을 즐기면서 산수를 찾아 유람하였다. 먼 곳이라도 그들의 발길이 닿지 않은 곳이 없었다. 이 과정에서 인품의 옳고 그름을 알게 되어 선량한 인물을 조정에 추천하였다. 그러므로 김대문은 『화랑세기』에서 말하기를, "**어진 보필자와 충신이 이로부터 나왔고, 훌륭한 장수와 용감한 병사가 이로부터 생겼다.**"라고 하였다. 최치원의 난랑비 서문에는 다음과 같은 기록이 있다. "우리나라에는 **풍류라고 하는 현묘한 도**가 있다. 이 가르침의 근원이 선사(仙史)에 자세히 밝혀져 있는데, 실로 유교·불교·도교의 세 가지 교를 포괄하여 백성을 교화하자는 것이다. ……" 당나라 영호징의 『신라국기』에서는 "**귀인의 자제 가운데 아름다운 자를 선발**하여 곱게 꾸민 다음 이름을 **화랑**이라 하였는데, 백성들이 모두 받들어 섬겼다."라고 하였다. - 『삼국사기』

❸ 신라의 화백 회의

- 큰일이 있을 때에는 반드시 중의를 따른다. 이를 화백이라 부른다. **한 사람이라도 반대하면 통과하지 못하였다.** - 『신당서』
- 큰일이 있으면 **여러 관료들이 모여 자세히 의논한 후 결정**한다. - 『수서』

❹ 김춘추 즉위

진덕왕이 죽자, 여러 신하들이 이찬 알천에게 섭정하기를 청하였다. 알천이 한결같이 사양하며 말하기를, "신은 늙고 이렇다 할 만한 덕행도 없습니다. 지금 덕망이 높은 이는 춘추공 만한 자가 없습니다. 실로 가히 빈곤하고 어려운 세상을 도울 영웅호걸입니다." 마침내 (김춘추를) 봉하여 왕으로 삼았다. **김춘추는 세 번 사양하다가 부득이하게 왕위에 올랐다.** - 『삼국사기』

❺ [22] 의 사치 금지 교서

사람은 상하가 있고 지위는 존비가 있어서, 그에 따라 호칭이 같지 않고 의복도 다른 것이다. 그런데 **풍속이 점차 경박해지고 백성들이 사치와 호화를 다투게 되어**, 오직 외래 물건의 진기함을 숭상하고 도리어 토산품의 비야함을 혐오하니, 신분에 따른 예의가 거의 무시되는 지경에 빠지고 풍속이 쇠퇴하여 없어지는 데까지 이르렀다. 이에 감히 옛 법에 따라 밝은 명령을 펴는 바이니, 혹시 **고의로 범하는 자가 있으면 진실로 일정한 형벌이 있을 것이다.** - 『삼국사기』

❻ 적고적의 난

진성왕 10년, 도적이 서남쪽에서 일어났다. **붉은 바지를 입고 특이하게 굴어** 사람들이 **적고적(붉은 바지 도적)**이라 불렀다. 그들은 주, 현을 무찌르고 서울(경주) 서부 모량리까지 쳐들어와 민가를 약탈하였다. - 『삼국사기』

정답
1 고국천왕 2 율령 3 진흥왕 4 화백 5 비담 6 진덕여왕 7 김춘추 8 김흠돌 9 대공 10 김지정 11 헌덕왕 12 김범문 13 사치 금지령 14 진성여왕 15 사벌주(상주) 16 최치원 17 적고적 18 등제 서열 19 쟁장 20 빈공과 21 진대법 22 흥덕왕

04 사회사 고려

900

918 ― 태조, ______[1] 설치❶
(흉년에 빈민 구제, 춘대추납)

956 ― ______[2], 노비안검법 실시

963 ― 광종, ______[3] 설치
(빈민 구제를 위한 기금 조성)

986 ― 성종, ______[4] 설치
(흑창을 확대·개편, 춘대추납)

993 ― 성종, 상평창(물가 조절 기구) 설치❷
(개경과 서경 및 ______[5] 목에 설치)

1000

1039 ― 정종, 천자수모법 실시
(부모 양쪽이 모두 노비이면 자식은 ______[6] 의 소유주에 귀속됨)

1049 ― 문종, ______[7] 설치
(개경 동·서쪽에 설치, 빈민의 진료 및 구휼 담당)

1100

1109 ― 예종, ______[8] 설치
(빈민 구제를 위한 임시 기구)

1112 ― 예종, ______[9] 설치
(백성의 질병 치료·약 처방)

1170 ― 의종, 무신 정변
(문벌 귀족 사회 붕괴 → 무신 정권❸ 성립)

1173 ― ______[10] 집권기,
동북면 병마사 ______[11] 의 난❹

1174 ― 정중부 집권기,
서경 유수 ______[12] 의 난❺

1176 ― 정중부 집권기, 공주 명학소의 난
(______[13] 의 난❻)
→ 명학소가 충순현으로 승격
(향·부곡·소가 소멸되는 계기)

1182 ― ______[14] 집권기, 전주 관노의 난
(주현군 군인이 주도, 관노·농민들이 연합)

1193 ― 이의민 집권기, ______[15] 의 난❼
(신라 부흥 표방)

1198 ― 최충헌 집권기, 만적의 난
(______[16] 의 사노비 만적이 신분 차별에 항거)

1200

1202 ― 최충헌 집권기, 이비·패좌의 난

1217 ― 최충헌 집권기, ______[17] 의 난
(고구려 부흥 표방)

1237 ― 최우 집권기, 이연년 형제의 난
(______[18] 부흥 표방)

1300

1387 ― 우왕, 사천 ______[19]❽ 건립
(내세의 행운과 국태민안을 기원, 불교 신앙 조직인 ______[20] 의 활동)

사료까지 한 번에 총정리!

❶ 흑창 설치

교를 내리기를, "내가 들으니 덕은 오직 좋은 정치에 있고, 정(政)은 백성을 양육함에 있다. 국가는 사람으로 근본을 삼고, 사람은 먹는 것으로 하늘을 삼는다." 이에 우리 **태조**께서는 **흑창을 설치**하여 **가난한 백성을 진대(賑貸)**하는 것을 항상적인 법칙으로 삼으셨다. -「고려사」

❷ [21] 설치

성종 12년 2월에 왕이 **개경과 서경 및 12목에 상평창**을 두고 명령을 내리기를, "해마다 풍흉에 따라 조적을 행하되, 백성에게 여유가 있을 때 조금씩 거두고, 백성에게 부족함이 있을 때 많이 푼다고 하니, 법에 따라 행하라."라고 하였다. -「고려사」

❸ 무신 집권기의 반란

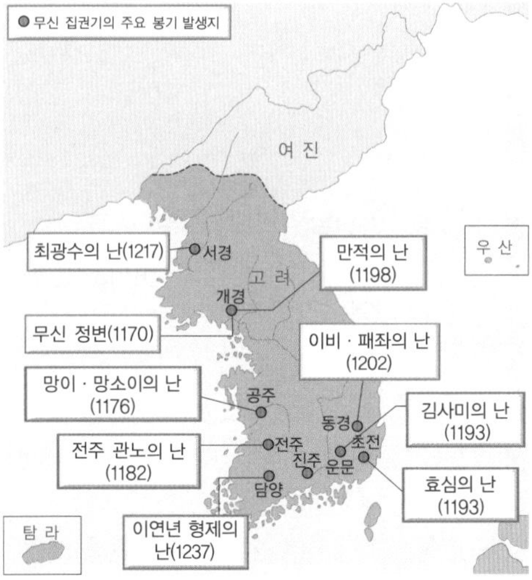

❹ 동북면 병마사 김보당의 난

명종 3년 8월 **동북면 병마사 김보당**이 동계에서 군사를 일으켜 정중부, 이의방 등을 토벌하고 **의종을 복위**시키려 하니 …… 9월에 한언국은 잡혀 죽고 조금 뒤에 안북도호부에서 김보당을 잡아 보내니 이의방이 김보당을 저자에서 죽이고 무릇 문신은 모두 살해하였다. -「고려사」

❺ 서경 유수 조위총의 난

명종 4년, **조위총이 병사를 일으켜 중부 등을 토벌하기를 모의**하여 드디어 동북 양계 여러 성의 군대에 격문을 보내어 호소하기를, "듣건대 상경의 중방이 의논하기를, 북계의 여러 성에는 대개 사납고 교만한 자가 많으므로 토벌하려고 하여 이미 대병력을 출동시켰다고 한다. 어찌 가만히 앉아서 스스로 죽음에 나아가리오. 마땅히 각자의 병마를 규합하여 빨리 **서경에 집결**하도록 하라."라고 하였다. -「고려사」

❻ 망이·망소이의 난

망이 등이 홍경원을 불태우고 그곳에 있던 승려 10여 명을 죽인 다음, 주지승을 협박하여 편지를 가지고 서울로 가게 하니, 그 내용은 대략 다음과 같다. "**우리 고을을 승격하여 현으로 만들고** 또 수령을 두어 무마시키더니, 다시 군사를 동원하여 와서 치고 우리 어머니와 처를 붙잡아 가두니 그 뜻이 어디에 있는가? 차라리 창, 칼 아래 죽을지언정 끝내 항복하여 포로가 되지는 않을 것이며, 반드시 서울에 이른 연후에 그만둘 것이다." -「고려사」

❼ 김사미·효심의 난

(명종 23년 7월) 이때에 남적(南賊)이 봉기했는데 그중 심한 것이 **운문에 웅거한 김사미(金沙彌)와 초전에 웅거한 효심(孝心)**으로, 이들은 망명한 무리를 불러 모아 주현을 노략질하였다. 왕이 이 소식을 듣고 걱정하였다. 병자일에 대장군 전존걸(全存傑)에게 장군 이지순(李至純)·이공정(李公靖)·김척후(金陟侯)·김경부(金慶夫)·노식(盧植) 등을 이끌고 가서 남적을 토벌토록 하였다. -「고려사」

❽ 사천 매향비(향나무를 묻고 세운 비석)

정답 1 흑창 2 권농 3 제위보 4 의창 5 12 6 [illegible] 7 동·서 대비원 8 구제도감 9 혜민국 10 정중부 11 김보당 12 조위총 13 망이·망소이 14 경대승 15 김사미·효심 16 최충헌 17 최광수 18 백제 19 매향비 20 향도 21 상평창

04 사회사 조선 ①

1300

1392 — 조선 태조, 혜민고국 설치

> [혜민(고)국]
> - 수도의 서민 환자 구제와 약재 판매
> - 태종 때 혜민국으로 개칭(1414)
>   → 세조 때 ______[1] 로 개칭(1466)

1397 — 태조, ______[2] 설치

> [제생원]
> 제위보와 같은 역할, 기금의 이자로 서울과 지방민 구호 → 혜민국(혜민서)에 통합(1460)

1400

1401 — 태종, 신문고 제도 실시

1414 — 태종, 노비 ______[3] 실시
(양인 남자와 천인 처첩 사이의 자녀에게 부계의 신분을 따르게 한 법)

1415 — 태종, ______[4] 제정
(서얼❶의 관직 진출 제한)

1448 — 세종, 사창제 실시
(______[5]에서 시험적으로 실시)

1453 — 단종❷, ______[6]의 난
(수양대군에 맞서 일으킨 반란)

1458 — 세조, 상평창 설치

> [상평창]
> - 16C 이후 의창 대신 ______[7] 담당
> - 평시에는 물가 조절, 흉년에는 환곡 담당

1466 — ______[8], 동·서 활인서 설치
(유랑자의 수용과 구휼 담당)

> [동·서 활인서]
> 동·서 ______[9] (고려 전기)
> → 동·서 ______[10] (조선 태종)
> → 동·서 활인서(조선 세조)

1467 — 세조, ______[11]의 난
(함경도 지역의 차별에 반발) → 이시애를 후원하였다는 이유로 유향소가 폐지됨

1476 — ______[12], 『안동 권씨 성화보』❸(족보) 간행

1488 — 성종, ______[13] 복설❹

1500

1518 — 중종, 『여씨향약언해』 간행
(______[14]이 중국의 『여씨향약』을 언해하여 간행)

1543 — 중종, ______[15] 서원❺ 건립
(풍기 군수 ______[16]이 건립, 안향 배향)

1550 — 명종, ______[17]의 건의로 백운동 서원이 ______[18]으로 사액

1556 — 명종, ______[19]향약❻ 실시(이황)

1577 — 선조, 해주향약❼ 실시(______[20])

1600

1603 — 선조, ______[21] 혁파
(유향소와 정부 간의 연락 담당)

사료까지 한 번에 총정리!

❶ ______[22] 에 대한 차별

죄를 범해 영구히 임용할 수 없게 된 자, 장리(贓吏, 뇌물을 받거나 횡령죄를 범한 벼슬아치)의 아들, 재가하거나 실행(失行)한 부녀의 아들 및 손자, 그리고 **서얼은 문과와 생원·진사시에 응시하지 못한다.** – 『경국대전』

❷ ______[23] 복위 운동

임금이 말하기를 "그대는 나의 녹(祿)을 먹지 않았던가? 녹을 먹으면서 배반하는 것은 이랬다저랬다 하는 사람이다. 명분으로는 상왕을 복위한다고 하지만 실상은 자신을 위하려는 것이다."라고 하니 **성삼문이 말하기를 "상왕이 계시거늘 나리께서 어찌 저를 신하로 삼을 수 있겠습니까?** 또 나리의 녹을 먹지 않았으니, 만약 믿지 못하겠거든 저의 가산을 몰수하여 헤아려 보십시오."라고 하였다. – 남효온, 『추강집』

❸ 족보의 의미

내가 생각하건대 옛날에는 종법이 있어 대수(代數)의 차례가 잡히고, 적자와 서자의 자손이 구별 지어져 영원히 알 수 있었다. 종법이 없어지고는 족보가 생겨났는데, 무릇 족보를 만듦에 있어 반드시 그 근본을 거슬러 어디서부터 나왔는가를 따지고, 그 이유를 자세히 적어 그 계통을 밝히고 친함과 친하지 않음을 구별하게 된다. – 『안동 권씨 성화보』

❹ 유향소 복설

김대(金臺)가 아뢰기를, 백성을 괴롭힘은 향리(鄕吏)보다 더 한 자가 없는데, 수령(守令)도 반드시 다 어질 수는 없습니다. …… 옛사람이 이르기를, '교활한 관리가 지나가면 닭과 개라 하더라도 편안하지 못하다.'고 하였습니다. 닭과 개도 편안하지 못한데 더구나 사람이겠습니까? 유향소의 법은 매우 훌륭했습니다만 **이시애의 난으로 중간에 폐지**하여 이러한 큰 폐단이 생겼습니다. **다시 세우는 것이 어떻겠습니까?"** 하니, 임금(성종)이 좌우(左右)에게 물었다. – 『성종실록』

❺ 서원

주세붕이 비로소 서원을 창건할 적에 세상에서 자못 의심했으나, 그의 뜻은 더욱 독실해져 무리들의 비웃음을 무릅쓰고 비방을 극복하여 전례 없던 장한 일을 이루었습니다. …… 최충, 우탁, 정몽주, 길재, 김종직, 김굉필과 같은 이가 살던 곳에 모두 서원을 건립하게 될 것이며 혹은 조정의 명에 의하고 혹은 사사로이 건립하여서 **책을 읽고 학문을 닦는 곳**으로 하면 조정이 학문을 존중하는 기풍과 태평한 세상의 즐거운 **교육이 빛나고 드높일 것**입니다. – 『퇴계전서』

❻ 예안향약

이제부터 우리 고을 선비들이 하늘이 부연한 본성을 근본으로 하고 국가의 법을 준수하며 집에서나 고을에서 각기 질서를 바로잡으며 나라에 좋은 선비가 될 것이요, 출세하든지 가난하게 살든지 서로 의지가 될 것이다. 굳이 약속을 만들어 서로 권할 필요도 없으며 법을 줄 필요도 없을 것이다. 진실로 이를 알지 못하고 올바른 것을 어기고 예의를 해침으로써 **우리 고을 풍속을 무너뜨리는 자는 바로 하늘의 뜻을 거역**하는 백성이다. 벌을 주지 않으려 해도 주지 않을 수 있겠는가. 이것이 바로 오늘날 부득이 **향약**을 세우는 까닭이다. – 『퇴계선생문집』

❼ ______[24] 입약 범례문

무릇 뒤에 **향약에 가입하기를 원하는 자**에게는 반드시 먼저 규약문을 보여 몇 달 동안 실행할 수 있는가를 **스스로 헤아려 본 뒤에 가입하기를 청하게 한다.** 가입을 청하는 자는 반드시 단자에 참가하기를 원하는 뜻을 자세히 적어서 모임이 있을 때에 진술하고, 사람을 시켜 약정(約正)에게 바치면 약정은 여러 사람에게 물어서 좋다고 한 다음에야 글로 답하고 다음 모임에 참여하게 한다. – 이이, 『율곡전서』

정답 1 혜민서 2 제생원 3 종부법 4 서얼금고법 5 대구 6 이징옥 7 환곡 8 세조 9 대비원 10 활인원 11 이시애 12 성종 13 유향소 14 김안국 15 백운동 16 주세붕 17 이황 18 소수 서원 19 예안 20 이이 21 경재소 22 서얼 23 단종 24 해주향약

04 사회사 조선 ②

1700

1731 — 영조, 노비 ______[1] 확정
(노비 소생의 자녀에게 모계의 신분을 따르게 한 법 → 양민 증가를 위한 노력)

1784 — 정조, 조선 천주교회 창설

1785 — 정조, ______[2] 적발 사건
(이승훈, 이벽 등이 역관 김범우의 집에서 신앙 집회를 열다 발각됨)

1787 — 정조, 반회 사건
(______[3], 이승훈 등 양반들이 천주교 교리를 연구하다가 발각됨 → 천주교 서적 색출·소각)

1791 — 정조, 신해박해

[신해박해]
______[4]과 권상연의 신주 소각 사건(______[5] 사건) → 당사자만 처형, 대대적인 박해는 이루어지지 않음 → 1795, 「척사학교」 발표❶

1800

1801 — 순조, 공노비 6만 6천여 명 해방❷
• 순조, ______[6] 박해

[공노비 해방]
재정·국방상의 목적, 내수사와 궁방의 노비 해방

[신유박해]
순조 즉위 후 노론 ______[7]에 의한 대대적인 천주교 탄압 → ______[8]이 베이징 주교에 백서를 보내다가 발각됨(황사영 백서 사건) → 박해가 더욱 심화

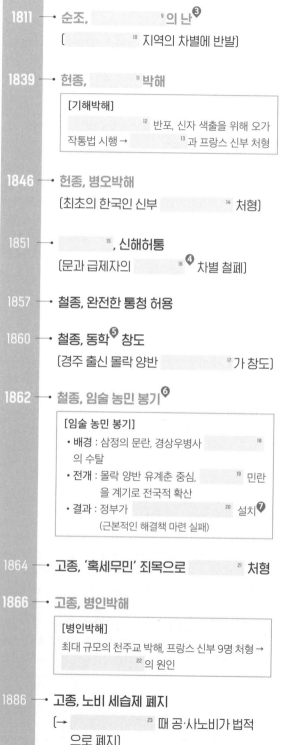

1811 — 순조, ______[9]의 난❸
(______[10] 지역의 차별에 반발)

1839 — 헌종, ______[11] 박해

[기해박해]
______[12] 반포, 신자 색출을 위해 오가작통법 시행 → ______[13]과 프랑스 신부 처형

1846 — 헌종, 병오박해
(최초의 한국인 신부 ______[14] 처형)

1851 — ______[15], 신해허통
(문과 급제자의 ______[16]❹ 차별 철폐)

1857 — 철종, 완전한 통청 허용

1860 — 철종, 동학❺ 창도
(경주 출신 몰락 양반 ______[17]가 창도)

1862 — 철종, 임술 농민 봉기❻

[임술 농민 봉기]
• 배경 : 삼정의 문란, 경상우병사 ______[18]의 수탈
• 전개 : 몰락 양반 유계춘 중심, ______[19] 민란을 계기로 전국적 확산
• 결과 : 정부가 ______[20] 설치❼
(근본적인 해결책 마련 실패)

1864 — 고종, '혹세무민' 죄목으로 ______[21] 처형

1866 — 고종, 병인박해

[병인박해]
최대 규모의 천주교 박해, 프랑스 신부 9명 처형 → ______[22]의 원인

1886 — 고종, 노비 세습제 폐지
(→ ______[23] 때 공·사노비가 법적으로 폐지)

사료까지 한 번에 총정리!

❶ 「척사학교」

오늘날 **사설(邪說)의 폐단을 바로잡는 길은 더욱 정학(正學)을 밝히는 길밖에 없다.** …… 연전에 서학(西學) 서적을 구입해 온 이승훈은 어떤 속셈이든지 간에 죄를 묻지 않을 수 없다. 이에 전 현감 이승훈을 예산현으로 귀양을 보내고, …… 이렇게 교시한 뒤에도 다시 서학(西學) 때문에 문제가 생긴다면 어찌 정부가 있다고 말할 수 있겠는가?

❷ [24] 해방

하교하기를, "선조(先朝)께서 내노비(內奴婢)와 시노비(寺奴婢)를 일찍이 혁파하고자 하셨으니, 내가 마땅히 이 뜻을 이어받아 지금부터 일체 혁파하려 한다."하고, 문임으로 하여금 윤음(綸音)을 대신 지어 효유케 하였다. 그리고 승지에게 명하여 **내사(內司)와 각 궁방(宮房) 및 각 관사(官司)의 노비안을 돈화문(敦化門) 밖에서 불태우고** 아뢰도록 하였다. －『순조실록』

❸ 홍경래의 난

평서 대원수는 급히 격문을 띄우노니 …… 그러나 **조정에서는 관서를 버림이 분토(糞土)와 다름없다. 심지어 권세 있는 집의 노비들도 서로의 사람을 보면 반드시 "평안도 놈"이라 말한다.** 어찌 억울하고 원통하지 않은 자 있겠는가. …… 지금 임금이 나이가 어려 권세 있는 간신배가 그 세를 날로 떨치고 김조순, 박종경의 무리가 국가 권력을 오로지 갖고 노니 어진 하늘이 재앙을 내린다. －『패림』

❹ 서얼의 허통 운동

"…… 서얼의 허통을 청하기를 옛날에는 융숭한 예와 폐백으로 이웃 나라 선비를 대우하였습니다. 그러고도 그들이 오지 않을까 걱정하였습니다. 지금은 **법으로 나라 안의 인재를 묶었습니다.** 그런데도 그들은 자자손손 영원히 묶여 있습니다. **인재를 버리고 등용하는 것이 너무나 앞뒤가 맞지 않습니다.**"

－『규사』

❺ [25] 의 사상

사람이 곧 하늘이라. 그러므로 사람은 평등하며 차별이 없나니, 사람이 마음대로 귀천을 나눔은 하늘을 거스르는 것이다. 우리 도인은 모든 차별을 없애고 선사의 뜻을 받들어 생활하기를 바라노라. － 최시형의 최초 설법

❻ 임술 농민 봉기

- 동치원년 임술년(1862, 철종 13) 2월 19일, **진주민 수만 명이 머리에 흰 수건을 두르고 손에 몽둥이를 들고 무리를 지어**, 진주 읍내에 모여 이서-이방과 하급 관리들의 집 수십 호를 태우니, 행동거지가 가볍지 않았다. 병마절도사가 해산시키고자 시장에 가니 흰 수건을 두른 백성들이 길 위에 빙 둘러 함부로 거둔 명목과 아전들이 억지로 세금을 포탈하고 강제로 징수한 일들을 면전에서 여러 번 질책하는데 능멸함과 위협함이 조금도 거리낌이 없었다. －『임술록』
- 경상도 안핵사 박규수가 관리를 조사하고 옥사를 다스린 뒤 장계를 올리기를, "금번 난민이 소동을 일으킨 것은 오로지 **전 우병사 백낙신이 탐욕을 부려서 수탈**하였기 때문입니다. 병영에서 포탈한 환곡과 전세 6만 냥을 집집마다 배정하여 억지로 받으려 하였습니다. 이에 여러 사람의 노여움이 일제히 폭발해서 전에 듣지 못하던 변란이 돌출하기에 이른 것입니다. －『철종실록』

❼ 삼정이정청 설치

이번의 민란은 비록 전례 없는 난이었지만 **원래 민심이야 어찌 난을 일으키고자 하였겠느냐?** 조정의 영이 여러 번 내렸으나 백성이 그것을 자세히 알지 못하여 처음에는 등소를 올릴 의논을 하다가 갑자기 거세게 일어났던 것이다. 이는 무지와 분별없음에서 나온 일이라. 우리 성상께오서는 항상 백성을 근심하시고 전국의 쇠잔함과 **삼정의 문란을 애통**해 하셨다. 이에 대신들에게 명하여 **이정청을 설치**하셨다. －『일성록』

정답 1 종모법 2 추조 3 정약용 4 윤지충 5 진산 6 신유 7 벽파 8 황사영 9 홍경래 10 평안도 11 기해 12 척사윤음 13 정하상 14 김대건 15 철종 16 서얼 17 최제우 18 백낙신 19 진주 20 삼정이정청 21 최제우 22 병인양요 23 갑오개혁 24 공노비 25 동학

05 문화사 고대 ①

300

357 → 고구려, 안악 3호분 축조

> [안악 3호분]
> - 고분 양식 : 굴식 돌방무덤(벽화 O, 도굴 용이)
> - 고분 벽화 : 대행렬도(지배층의 행차 모습), 귀족 저택의 부엌·고깃간·우물 등

372 → **고구려 소수림왕, 불교 수용**
(전진의 승려 ______[1]를 통해 수용)
• ______[2] **설립** (유교 경전·역사서 교육)

375 → **백제 근초고왕, ______[3]의 『서기』 편찬**

384 → **백제 ______[4], 불교 수용**
(동진에서 온 인도 승려 ______[5]를 통해 수용)

400

408 → 고구려, 덕흥리 고분 축조

> [고구려 대표 고분과 고분 벽화]
> 무용총❶(______[6], 수렵도, 접객도), 각저총(씨름도), 덕흥리 고분(견우직녀도), ______[7](기사도, 풍속도), 강서대묘(사신도), 수산리 고분(시녀도, 교예도)

414 → 고구려 ______[8], 광개토 대왕릉비 건립

> [광개토 대왕릉비 비문]
> - 1부 : 고구려 건국 신화, 동명성왕~대무신왕 계보 정리
> - 2부 : 광개토 대왕 정복 활동 기록
> - 3부 : 수묘인(묘지기)의 숫자·차출 방식·관리 규정 기록
> - 기타 : 독자적 연호(영락) 사용

500

525 → 백제 성왕, 무령왕릉❷ 축조

> [무령왕릉]
> - 1971년 배수로 공사 중 발견
> - 중국 남조의 영향을 받은 벽돌무덤
> - 일본산 금송으로 만든 관(棺) 출토
> - 묘지석(매지권) 출토 → 무령왕의 무덤임이 밝혀짐

527 → **신라 법흥왕, ______[9] 공인❸**
(______[10]의 순교로 불교 공인)
→ 순교한 이차돈을 위해 천경림에 흥륜사 건립(진흥왕 때 완공)

545 → **신라 진흥왕, ______[11] 편찬❹(거칠부)**

551 → 신라 진흥왕, 고구려 승려 ______[12]을 신라 국통으로 삼음, 불교 교단 조직 정비
('국통 - ______[13] - 군통'으로 교단 조직)

552 → 백제 성왕, ______[14]가 일본에 불경과 불상을 전함❺

566 → 신라 ______[15], 황룡사 건립

591 → 신라 진평왕, 남산 신성비 건립

600

600 → **고구려 영양왕, ______[16] 편찬**
(이문진이 『유기』 100권을 간추림)

611 → 신라 진평왕, 수나라에 ______[17]를 바침❻
(승려 원광이 작성)

사료까지 한 번에 총정리!

❶ 고구려 무용총([18] 무덤) 고분 벽화

무용도

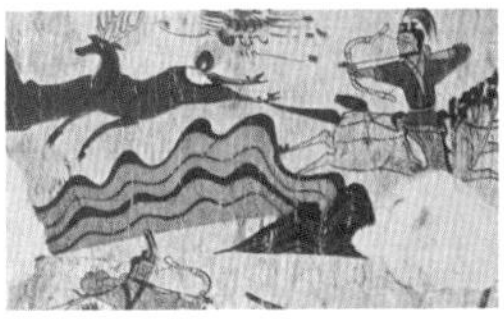
수렵도

❷ 백제 무령왕릉([19] 무덤)

❸ 신라 [20] 의 불교 공인

이차돈 순교비
(백률사 석당)

왕이 불교를 일으키려 하자, 여러 신하(귀족)들이 반대하였다. 이차돈이 "소신을 베어 여러 사람들의 의견을 일정하게 하십시오."라고 하니 왕은 "도를 일으키자는 것이 근본인데 무죄한 사람을 어찌 죽인단 말이요?"라고 하였다. …… **이차돈이 죽으면서 말하기를 "내가 불법(佛法)을 위해 죽으니 내가 죽을 때 반드시 이상한 일이 있을 것이다."라고 하였다.** 과연 그의 목을 베자 핏빛이 젖과 같이 희었다. 사람들이 이를 보고 괴이하게 여겨 **다시는 불교를 반대하지 않았다.** -『삼국유사』

❹ 『국사』 편찬

이찬 이사부가 왕에게 "나라의 역사라는 것은 임금과 신하들의 선악을 기록하여, 좋고 나쁜 것을 만대 후손들에게 보여 주는 것입니다. 이를 책으로 편찬해 놓지 않는다면 후손들이 무엇을 보겠습니까?"라고 말하였다. 왕이 깊이 동감하고 **대아찬 거칠부 등에게 명하여** 선비들을 널리 모아 그들로 하여금 **역사를 편찬**하게 하였다. -『삼국사기』

❺ 고대 문화의 일본 전파

❻ 걸사표

진평왕 30년, 왕은 고구려가 빈번하게 강역을 침범하는 것을 근심하다가 **수나라에 병사를 청하여 고구려를 정벌**하고자 하였다. 이에 **원광에게 군사를 청하는 글을 짓도록 명하니,** 원광이 "자기가 살려고 남을 죽이도록 하는 것은 승려로서 할 일이 아니나, 제가 대왕의 토지에 살고 대왕의 물과 풀을 먹으면서 어찌 감히 명령을 좇지 않겠습니까?"라고 하며, 곧 글을 지어 바쳤다. …… 33년에 왕이 수나라에 사신을 보내어 표문을 바치고 출병을 청하니 **수나라 양제가 이를 받아들이고 군사를 일으켰다.** -『삼국사기』

정답 1 순도 2 태학 3 고흥 4 침류왕 5 마라난타 6 무용도 7 쌍영총 8 장수왕 9 불교 10 이차돈 11『국사』 12 혜량 13 주통 14 노리사치계 15 진흥왕 16『신집』 17 걸사표 18 굴식 돌방 19 벽돌 20 법흥왕

05 문화사 고대 ②

600

634 → 신라 ______[1], 분황사·분황사 모전 석탑 건립

639 → 백제 무왕, 익산 ______[2] 석탑 건립

[미륵사지 석탑]
- 목탑 양식의 석탑, 현재 석탑 일부만 남음
- 2009년 해체 과정에서 ______[3] 봉안기 발견(→ 건립 시기를 무왕 때로 추정)

643 → 신라 선덕여왕, ______[4] 9층 목탑 건립❶ 착수 (→ 645년 완성)

647 → 신라 선덕여왕, 첨성대 건립 (추정)

676 → 신라 문무왕, 승려 ______[5]이 부석사 창건

682 → 신라 ______[6], 국학❷ 설치 (유교 이념 보급, 경덕왕 때 ______[7]으로 개칭 → 혜공왕 때 국학으로 개칭)
- 감은사 건립 (감은사지 동·서 3층 석탑 건립)

700

719 → 신라 성덕왕, 감산사 석조 아미타여래·미륵보살 입상 건립

725 → 신라 ______[8], 상원사 종 주조 (현존 우리나라 最古 동종)

727 → 승려 ______[9]가 『왕오천축국전』 저술

[신라의 대표 승려]
- 원효❸ : 일심 사상, 『대승기신론소』·『금강삼매경론』·『십문화쟁론』 저술(______[10] 사상 주장), ______[11] 신앙 보급 → 불교의 대중화(무애가), 법성종 개창
- 의상❹ : 당 유학, ______[12] 사상 정립, 『화엄일승법계도』 저술, ______[13] 신앙 전파, 화엄종 개창
- ______[14] : 당 유학, 유식학의 대가, 서명학파 형성
- 혜초 : 당·______[15]·중앙아시아 순례 → 기행문 ______[16] 저술

751 → 신라 ______[17], 불국사와 석굴암 건립

[불국사와 석굴암]
- ______[18]의 발원으로 건립(→ 774년 완성)
- 1995년 유네스코 세계 문화유산 등재
- 불국사 대웅전 앞뜰에 ______[19](불국사 3층 석탑)과 다보탑❺ 건립

771 → 신라 혜공왕, 성덕 대왕 신종 제작 완성

[성덕 대왕 신종]
- ______[20] 때 제작 시작 → 혜공왕 때 완성
- 봉덕사종 또는 ______[21]이라고도 함

777 → 발해 문왕, ______[22] 공주 묘 축조

788 → 신라 원성왕, ______[23]❻ 설치 (유교 경전과 역사서의 이해 수준을 시험하여 관리 채용)

792 → 발해 문왕, ______[24] 공주 묘 축조

[발해 정혜공주 묘와 정효공주 묘]
- 정혜공주 묘 : 굴식 돌방무덤 + ______[25] 천장 구조(고구려 양식 계승), 돌사자상 출토
- 정효공주 묘 : ______[26] 무덤(당의 양식) + 평행 고임 천장 구조(고구려 양식 계승), 묘지와 함께 공주를 모시는 인물을 그린 ______[27] 존재

사료까지 한 번에 총정리!

❶ 황룡사 9층 목탑

신인(神人)이 말하였다. "지금 그대 나라는 여자가 왕위에 있으니 덕은 있지만 위엄이 없습니다. 그래서 이웃 나라가 침략을 꾀하고 있는 것입니다. 그대는 빨리 돌아가야 합니다." **자장**이 다시 물어보았다. "고국에 돌아가면 어떤 이로운 일을 해야합니까?" 신인이 답했다. **"황룡사의 호법용(護法龍)은 나의 맏아들입니다.** 범왕(梵王)의 명을 받고 가서 그 절을 보호하고 있습니다. 고국에 돌아가거든 **절 안에 9층 탑을 세우십시오.** 그러면 **이웃 나라가 항복할 것이고 구한(九韓)이 와서 조공할 것**이며 왕업의 길이 편안할 것입니다. ……" 정관 17년 계묘 16일에 자장은 당나라 황제가 준 불경과 불상, 승복과 폐백 등을 가지고 와 탑을 세울 일을 왕에게 아뢰었다. – 『삼국유사』

❷ 신라의 국학

국학은 예부에 속하였다. **신문왕 2년에 설치**하였고 **경덕왕 때 태학감으로 고쳤다가 혜공왕 때 다시 국학**이라 하였다. …… 대사 이하의 관등으로부터 작위가 없는 자에 이르기까지 나이가 15세에서 30세 된 자들이 모두 학생이 되었다. 학업은 9년을 한도로 하되 만일 재질이 떨어져 가능성이 없는 자는 퇴학시켰다. 재주와 도량은 가능성이 있지만 아직 성숙되지 못한 자는 비록 9년이 지나도 국학에 있게 하였다. – 『삼국사기』

❸ 원효

원효가 이미 계를 범한 이후 속인의 복장으로 갈아입고, 스스로 **소성거사라 불렀다.** …… 화엄경의 "모든 것에 거침없는 사람은 한 가지 길로 나고 죽는다."는 대목을 가지고 **무애라 이름 짓고, 노래를 지어 세상에 유행시켰다.** 일찍이 이것을 지니고 모든 마을, 모든 부락을 돌며 노래하고 춤추면서 다녔는데 …… 모두 부처님의 이름을 알고 **나무아미타불**을 외우게 되었으니, 원효의 교화가 크다. – 『삼국유사』

❹ 의상의 화엄 사상

하나가 곧 일체이며, 한 작은 티끌 속에 시방이 있는 것이요, 한 찰나가 곧 영원이다. 양에 있어서 셀 수 없는 많은 것이 있지만 그것은 실은 하나이며, 공간은 시방으로 너르게 되어 있지만 그것이 한 작은 티끌 속에 포함되어 있으며, 시간에 있어서 영원한 것도 한 찰나이다. – 『화엄일승법계도』

❺ 고대의 탑

1. 삼국 시대

백제 익산
미륵사지 석탑

백제 부여
정림사지 5층 석탑

신라 분황사
모전 석탑

2. 남북국 시대

[신라 중대]

감은사지 동·서
3층 석탑

불국사 3층 석탑
(석가탑)

다보탑

[신라 하대]

양양 진전사지
3층 석탑

쌍봉사 철감선사
승탑

❻ 독서삼품과

여러 학생의 독서에는 **3품의 등용법**이 있는데, 『춘추좌씨전』이나 『예기』, 『문선』을 읽어 그 뜻이 잘 통하고 『논어』와 『효경』에 밝은 자를 상(上)으로 하고, 『곡례』, 『논어』, 『효경』을 읽은 자를 중(中)으로 하고, 『곡례』, 『효경』을 읽은 자를 하(下)로 하되, 만일 5경과 3사와 제자백가에 겸통한 자는 등급을 뛰어 등용한다. – 『삼국사기』

정답 1 선덕여왕 2 미륵사지 3 금제 사리 4 황룡사 5 의상 6 신문왕 7 태학감 8 성덕왕 9 혜초 10 화쟁 11 아미타 12 화엄 13 관음 14 원측 15 인도 16 『왕오천축국전』 17 경덕왕 18 김대성 19 석가탑 20 경덕왕 21 에밀레종 22 정혜 23 독서삼품과 24 정효 25 모줄임 26 벽돌 27 벽화

05 문화사 고대 ③

800

887 — 신라 진성여왕, 쌍계사 진감선사 대공탑비 건립

(______[1]이 비문 작성, 유교와 노장사상 언급)

888 — 신라 진성여왕, ______[2] 편찬

(각간 위홍과 대구 화상이 왕명을 받아 편찬)

894 — 신라 ______[3],

최치원❶이 시무 10여 조 건의

(수용 X → 은둔 생활)

> **[최치원]**
> - 6두품 출신, 당 ______[4]에 급제
> - 『계원필경』·「토황소격문」·『제왕연대력』·『중산복궤집』 저술
> - 4산 비문·난랑비 서문❷·______[5] 묘길상탑기 작성(→ 유학자이면서 불교·도교에도 능통)

사료까지 한 번에 총정리!

❶ 최치원

최치원이 서쪽으로 **당에 가서 벼슬을 하다가 고국에 돌아왔는데** 전후에 난세를 만나서 처지가 곤란하였으며 걸핏하면 모함을 받아 죄에 걸리므로 **스스로 때를 만나지 못한 것을 한탄**하고 다시 벼슬할 뜻을 두지 않았다. -『삼국사기』

❷ 난랑비 서문

우리나라에는 **현묘한 도**가 있으니 **풍류(風流)**라 이른다. …… 그 내용은 **3교(유·불·선)를 포함해 인간을 교화하는 것**이다. 부모에게 효도하고 나라에 충성하는 것은 공자의 가르침이며, 인위적으로 일을 만들지 않고 자연의 말 없는 가르침을 실천하는 것은 노자의 근본 사상이고, 악행을 하지 않고 선행을 실천하는 것은 석가모니의 교화와 같다.

정답 1 최치원 2 『삼대목』 3 진성여왕 4 빈공과 5 해인사

PART I 전근대사

05 문화사 고려 ①

900

936 — 태조, 개태사 창건(→ 940년 완공)
(태조 왕건이 후백제를 평정하고 창건)

963 — ______[1], 귀법사 창건(귀법사 주지: ______[2])

> [균여]
> • 화엄 사상 정비, 보살의 실천행 강조
> • 성상융회 주창, ______[3] 저술

968 — 광종, 논산 관촉사 석조 미륵보살 입상❶ 제작
(토속적인 면이 가미된 독특한 대형 석불)

982 — **성종, 최승로가 시무 28조 건의**

987 — 성종, 지방에 ______[4](향학) 설치

> [향교(향학) 설치]
> • 지방 관리와 서민 자제 교육
> • 12목에 ______[5]와 의학 박사 파견

992 — **성종, ______[6](최고 교육 기관) 설치**

1000

1011 — 현종, 초조대장경 조판 시작

1020 — 현종, 개성 현화사 7층 석탑 건립

1055 — **문종, ______[7]의 문헌공도❷ 설립**
→ 사학 12도의 융성으로 ______[8] 쇠퇴

1089 — 선종, ______[9] 창건(의천)
→ 1097년 숙종 때 완성

1092 — 선종, 교장 간행 시작(의천)❸
→ 1102년 숙종 때 완성

> [의천]
> • 국청사 창건, 해동 천태종 창시
> • 교종 중심으로 선종 통합
> • ______[10]·내외겸전 제창
> • ______[11] 편찬
> • 흥왕사에 ______[12] 설치, 교장 간행

1100

1101 — ______[13], 서적포 설치❹
→ 서적 간행 활성화

1109 — **예종, 국학(국자감)에 관학 ______[14] 설치**
(관학 진흥❺을 위한 전문 강좌)

1116 — 예종, ______[15](궁내)·______[16](궁외) 설치(도서관 겸 학문 연구소)
• 예종, 송에서 대성악 전래
(→ 궁중 음악인 아악으로 발전)

1119 — 예종, ______[17] 설치
(장학 재단)

1145 — **인종, 김부식이 ______[18]❻ 편찬**

> [『삼국사기』]
> • 김부식이 인종의 명을 받고 편찬
> • 현존하는 우리나라 최고(最古) 역사서
> • ______[19] 서술 방식
> • 『구삼국사』를 토대로 유교적 합리주의 사관에 기초하여 서술
> • 신라 계승 의식, 불교 관련 설화 배제

사료까지 한 번에 총정리!

❶ 고려의 불상

[대형 철불]	[대형 석불]	[소조 불상]

하남 하사창동 철조 석가여래 좌상	논산 관촉사 석조 미륵보살 입상	부석사 소조 아미타여래 좌상

❷ 최충의 문헌공도

현종 이후에 전란이 겨우 멈추었으나, 교육에 미처 힘쓰지 못하였다. 이때, **최충은 후진들을 가르치는 일에 정력을 바쳤으므로 학도들이 많이 모여들었다. 마침내 9재(九齋)로 나누어** 그 명칭을 낙성(樂聖)·대중(大中)·성명(誠明)·경업(敬業)·조도(造道)·솔성(率性)·진덕(進德)·대화(大和)·대빙(待聘)이라 했는데, 이를 일컬어 **시중최공도(侍中崔公徒)라고 불렀다.** 과거에 응시하는 양반 자제들은 반드시 먼저 공도에 들어가 공부해야 했다. …… **학습 내용은 9경(九經)과 3사(三史)였다.** …… 날이 저물도록 시를 주고받으니 보는 사람들이 모두 칭송하고 감탄하였다. 그 후부터는 과거에 응시하는 사람들이면 모두 9재(九齋)의 명부에 이름을 올리게 되었으니, 이들을 **최문헌 공도**라고 불렀다. 또 유신(儒臣)으로서 공도(公徒)를 세운 자가 11명 있었는데, …… 이들을 **문헌공도와 함께 세상에서 12도라 불렀는데, 그중 문헌공도가 가장 홍성하였다.**

－『고려사』

❸ ____[20]의 사상

진리는 말이나 형상이 없지만 말과 형상을 떠나 있는 것도 아니다. 말과 형상을 떠나면 미혹에 빠지고 말과 형상에 집착하면 진실을 미혹케 한다. …… **교리를 배우는 이**는 내적(마음)인 것을 버리고 **외적인 것을 구하는 일이 많고, 참선하는 사람**은 밖의 인연을 잊고 **내적으로 밝히기를 좋아한다.** 이는 모두 양극단에 치우친 것이므로, **양자를 골고루 갖추어** 안팎으로 **조화를 이루어야 한다.**

－『대각국사문집』

❹ ____[21] 설치

숙종 6년(1101) 비서성에 문적의 판본이 쌓이고 쌓여 훼손되므로 **국자감에 서적포를 두어** 문적을 옮겨 보관하게 하고 널리 간행하게 하였다.

－『고려사』

❺ 예종의 관학 진흥 노력

- 예종은 왕위에 오르자마자 **국학 진흥**을 위한 교지를 내렸다. "국학을 설치하여 뛰어난 재능이 있는 사람을 키우는 것은 옛날부터 좋은 정치를 이루는 근본이다. 아직 의논만 하고 결정하지 못하였다고 하니 하루빨리 시행하라." 그러나 대신은 한 사람도 이 뜻을 받드는 사람이 없었다. 그때 의론이 이를 안타깝게 여겼다. －『고려사』
- 예종 4년 **국자감에 7재를 두어**, 주역(周易)을 공부하는 곳을 여택, 상서(尙書)를 공부하는 곳을 대빙, …… 춘추(春秋)를 공부하는 곳을 양정, 무학(武學)을 공부하는 곳을 강예라 하였다. 대학에서 최민용 등 70인과 무학에서 한자순 등 8인을 시험 쳐 뽑아, 나누어 여기서 공부하도록 하였다.

－『고려사』

❻『삼국사기』서문

신라·고구려·백제가 나라를 세우고 솥발처럼 대립하면서 예를 갖추어 중국과 교통하였으므로, 범엽의 한서나 송기의 당서에 모두 열전을 두었는데, 중국의 일만을 자세히 기록하고 외국의 일은 간략히 하여 갖추어 싣지 않았습니다. 또한 그에 관한 옛 기록은 글이 거칠고 졸렬하며 사적이 누락되어 있어서, 임금된 이의 선함과 악함, 신하된 이의 충성과 사특함, 나라의 평안과 위기, 백성들의 다스려짐과 혼란스러움 등을 모두 드러내어 경계로 삼도록 하지 못하였습니다. 그러므로 뛰어난 재주를 가진 사람을 얻어 능히 일관된 역사를 이루어 만대에 전하여 빛내기를 해와 별처럼 하고자 합니다.

－『삼국사기』

정답 1 광종 2 균여 3『보현십원가』 4 향교 5 경학 박사 6 국자감 7 최충 8 관학 9 국청사 10 교관겸수 11『신편제종교장총록』 12 교장도감 13 숙종 14 7재 15 청연각 16 보문각 17 양현고 18『삼국사기』 19 기전체 20 의천 21 서적포

05 문화사 고려 ②

1100

1193 — 명종, _____[1]가 『동명왕편』❶ 편찬

[『동명왕편』]
- 명종 때 이규보가 편찬
- 고구려 동명왕(주몽)의 건국 설화를 5언시체로 재구성한 영웅 서사시
- 사실 기록면에서 미약 → 체계성 미흡

1200

1204 — 신종, _____[2] 결사 운동(지눌)

[수선사 결사 운동]
- 보조국사 지눌의 불교 정화 운동
- 선·교 일치 사상 완성 → _____[3]의 유·불 일치설로 발전

1215 — 고종, 각훈이 _____[4] 저술

[『해동고승전』]
- 교종 승려 각훈이 고종의 명을 받고 편찬
- 삼국 시대부터 고려 고종 때까지의 승려들에 대해 기록하였을 것이라고 추정 → 현재 삼국 시대까지의 승려 30여 명에 관한 기록이 전해짐
- 화엄종 중심의 불교사 정리

1216 — 고종, _____[5] 결사 운동(요세)

[백련사 결사 운동]
- 원묘국사 요세의 불교 개혁 운동
- 법화 신앙 중시, _____[6] 수행 강조

1234 — 고종, 『상정고금예문』 인쇄❷ (현존 X)

[『상정고금예문』]
- _____[7]에 금속 활자로 인쇄하였다는 기록이 전해짐
- 인종 때 최윤의가 편찬한 의례서를 최우가 _____[8]에서 간행

1236 — 고종, _____[9]❸ 간행
(현존하는 우리나라 最古 의서, _____[10]에서 간행)
- 재조대장경 간행 시작

[재조대장경(= _____[11])]
- 1251년 완성, 현재 합천 해인사에 보관
- 몽골의 침입을 격퇴하기 위해 호국적 목적으로 조성
- 유네스코 세계 기록유산

1241 — 고종, 『동국이상국집』 간행
(_____[12]의 시문집)

1281 — _____[13], 일연이 _____[14]❹ 편찬

1287 — 충렬왕, _____[15]가 『제왕운기』❺ 저술

[『삼국유사』]❻
- 기이(신화·설화)·흥법(불교사) 등으로 구성
- 고대 민간 설화·전래 기록 수록
- _____[16] 신화 수록, 신라 향가 수록

[『제왕운기』]
- 단군 조선부터 기록, 최초로 _____[17]사를 우리 역사로 기록
- 우리 역사를 중국사와 대등하게 파악

1296 — 충렬왕, _____[18] 설치
→ 하급 관리 대상으로 경전·역사 교육

1300

1304 — 충선왕, 국학 내 문묘 건립
- 충선왕, _____[19] 설치
(양현고 보강 목적)

사료까지 한 번에 총정리!

❶ 『동명왕편』 서문

『구삼국사』를 얻어서 동명왕 본기를 보니, 그 신이한 사적이 세상에서 이야기되고 있던 것보다 더 자세하였다. 그러나 역시 처음에는 그를 믿지 못하였으니 …… 여러 번 음미하면서 탐독하여 근원을 찾아가니, **환(幻)이 아니라 성(聖)이며, 귀(鬼)가 아니고 신(神)이었다.** …… 동명왕의 사적은 변화, 신이하여 사람의 눈을 현혹시키는 것이 아니라, 실로 나라를 창시하신 신의 자취인 것이다. 이런 까닭에 시를 지어 기록하여 천하 사람들로 하여금 우리나라의 근본이 성인의 나라임을 알게 하려 할 뿐이다.

– 『동국이상국집』

❷ [20] 인쇄

평장사(平章事) **최윤의**(崔允儀) 등 17명의 신하에게 명하여 옛날과 지금의 서로 다른 예문을 모아 참작하고 절충하여 50권의 책으로 만들고, 이것을 **『상정예문』이라고 명명**하였다. …… 나의 선공(先公)이 이를 보충하여 두 본(本)을 만들어 한 본은 예관(禮官)에게 보내고 한 본은 집에 간수하였다. …… **28본을 인출**한 후 여러 관청에 나누어 보내 간수하게 했다.

– 이규보, 『동국이상국집』

❸ 『향약구급방』 발문

향약구급방은 효과가 좋고 신기한 효험이 있어 우리나라 백성에게 이로움이 크다. 수록한 약은 모두 우리나라 백성들이 쉽게 알고 얻을 수 있는 것이다. 약을 먹는 방법도 이미 잘 알려져 있다. 만약 서울 같은 도시라면 의사라도 있지만 궁벽한 시골에서는 매우 급한 병이 나더라도 의사를 부르기 힘들다. 이때 **이 책이 있다면 편작이나 의완(춘추 전국 시대 명의)을 기다리지 않아도 치료할 수 있을 것이다.** 이는 일은 쉽고 공은 배가 되는 것이니 그 혜택이 이것보다 큰 것이 없다.

– 『향약구급방』

❹ 『삼국유사』 서문

대체로 성인은 예악으로써 나라를 일으키고, 인의로써 가르침을 베푸는데 괴이하고 신비한 것은 말하지 않는 것이었다. 그러나 제왕이 장차 일어날 때에는 천명과 비기록을 받게 되므로 반드시 남보다 다른 일이 있었다. 그래야만 능히 큰 변화를 타서 대기를 잡고 큰일을 이룰 수 있는 것이다. …… 그렇다면 **삼국의 시조가 모두 신비스러운 데서 탄생하였다는 것이 무엇이 괴이하랴.**

– 『삼국유사』

❺ [21]

중국은 반고로부터 금(金)까지이고, 우리나라는 단군으로부터 본조(本朝)까지 이온데, …… 흥망성쇠의 같고 다름을 비교하여 매우 중요한 점을 간추려 운을 넣어 읊고 거기에 비평의 글을 덧붙였나이다. 요동에 또 하나의 천하가 있으니 중국의 왕조와 뚜렷이 구분된다. 큰 파도가 출렁이며 34면을 둘러쌌고, 북으로는 대륙으로 면면히 이어졌다. 가운데 사방 천 리 땅 여기가 조선이니, 강산의 형성은 천하에 이름났도다.

– 『제왕운기』

❻ 『삼국사기』와 『삼국유사』

분류	[22]	[23]
편찬 목적	이자겸의 난, 묘청의 난 등 정치 변란에 대응하여 지배 질서 재정립	몽골의 침입과 간섭 속에서 구원과 희망을 주어 민족의 위기감 탈출
성격	보수적, 유교적 합리주의	불교적, 자주적 민족주의
사례 1	지증 마립간이 즉위하였는데 성은 김씨이고 이름은 지대로이다. 왕은 체격이 크고 담력이 다른 사람보다 뛰어났다.	제22대 지철로왕은 성이 김씨이고 이름은 지대로 또는 지도이다. 시호는 지증이라 하였다. 왕은 음경 길이가 1척 5촌이나 되어 배우자를 얻기 어려워 사자를 3도에 보내어 구하였다.
사례 2	헌안왕이 군신을 임해전에 모아 잔치를 하였다. 왕족 응렴도 나이 15세로 참석하여 앉아 있었다. 왕은 그의 뜻을 알아보기 위하여 갑자기 물어보았다. "너는 유학한 지 여러 날이 되었으니 착한 사람을 본 일이 없느냐?"	경문왕의 이름은 응렴이다. 나이 18세에 국선이 되었다. 20세에 이르렀을 때 헌안대왕이 낭을 불러 궁전에서 연회를 베풀고 물었다. "낭은 국선이 되어 사방을 돌아다니다가 무슨 이상한 일을 보았는가?"

정답 1 이규보 2 수선사 3 혜심 4 『해동고승전』 5 백련사 6 요세 7 『동국이상국집』 8 강화도 9 『향약구급방』 10 대장도감 11 팔만대장경 12 이규보 13 충렬왕 14 『삼국유사』
15 이승휴 16 단군 17 발해 18 경사교수도감 19 섬학전 20 『상정고금예문』 21 『제왕운기』 22 『삼국사기』 23 『삼국유사』

PART I 전근대사

05 문화사 고려 ③

1300

1314 — 충숙왕, 충선왕이 ______[1] 설치❶
(원나라 수도 연경에 설치한 학문 연구소, 성리학 유입의 통로)

1317 — 충숙왕, 민지가 ______[2] 편찬

1342 — 충혜왕, ______[3]이 『역옹패설』 저술

1348 — 충목왕, 개성에 ______[4] 석탑❷ 건립
(→ 조선 세조 때의 원각사지 10층 석탑에 영향)

1357 — ______[5], 이제현이 『사략』❸ 저술

[고려의 역사서]
- 전기 : 『7대실록』, 『고려왕조실록』, 『가락국기』, 『고금록』, 『속편년통재』(모두 현전 X)
- 중기 : 『삼국사기』(김부식)
- 후기 : 『동명왕편』(이규보), 『해동고승전』(각훈), 『삼국유사』(일연), 『제왕운기』(이승휴)
- 말기 : 『사략』(이제현, 성리학적 사관)

1377 — ______[6], 『직지심체요절』 인쇄
- ______[7] 설치❹ (화약·화포 제작)

[『직지심체요절』]
- 현존하는 가장 오래된 금속 활자본
- 청주 ______[8]에서 간행
- 유네스코 세계 기록유산
- 현재 프랑스 국립 도서관에 보관

사료까지 한 번에 총정리!

❶ 만권당 설치

원(元) 황제가 상왕(충선왕)에게 명하여 경사(京師)에 머물게 하였다. 상왕이 **연경(燕京)의 저택에 만권당(萬卷堂)을 짓고는** 문유(文儒)인 염복(閻復)·요수(姚燧)·조맹부(趙孟頫)·우집(虞集) 등을 초대하여 이들과 더불어 교유하면서 자세히 살펴 연구하는 것을 자신의 즐거움으로 삼고 호종하는 신하들로 하여금 차례대로 돌아가며 교대하게 하였다. -『고려사절요』

❷ 고려의 석탑

불일사 5층 석탑

현화사 7층 석탑

월정사 8각 9층 석탑

경천사지 10층 석탑

❸

이제현은 일찍이 『국사』가 갖춰지지 못한 것을 근심하여 백문보, 이달충과 함께 기년과 열전, 지를 편찬하기로 하였다. 이제현이 태조 때부터 숙종까지, 백문보와 이달충이 예종 이하를 맡기로 하였는데, …… 남쪽으로 피난할 때 원고들이 모두 없어졌고 오직 이제현이 편찬한 「태조기년」이 남아 있다.
-『고려사』

❹ 화통도감 설치

10월 비로소 **화통도감(火㷁都監)을 설치했는데, 판사(判事) 최무선(崔茂宣)의 말을 따른 것이다.** 최무선이 원나라 화약 제조 기술자인 이원(李元)과 한동네에 살면서 잘 대우하여 몰래 그 기술을 묻고, 가동(家僮) 몇 명으로 하여금 익혀 시험해 본 후 마침내 왕에게 건의하여 설치하였다. -『고려사』

정답 1 만권당 2 『본조편년강목』 3 이제현 4 경천사지 10층 5 공민왕 6 우왕 7 화통도감 8 흥덕사 9 『사략』

05 문화사 조선 ①

1300

1395 → 태조, ________[1] 지도 제작
(고구려 천문도 바탕)
· 태조, ________[2] (조선 왕조의 정궁) 건립
(→ 임진왜란 때 소실 → 흥선 대원군 때 중건)
· 태조, ________[3] · 조준 등이 『고려국사』 편찬
(편년체, 조선 건국의 정당성 주장)

1400

1402 → 태종, ________[4] 지도❶ 제작

> **[혼일강리역대국도지도]**
> - 김사형·________[5]·이무가 제작한 우리나라 최초의 세계 지도
> - 아라비아 지도학의 영향을 받은 원나라 세계 지도에 한반도와 일본 지도 첨가
> - ________[6] 사상 반영(중국과 우리나라를 크게 그림)
> - 현존하는 동양 최고(最古)의 세계 지도로 현재 필사본이 일본에 남아 있음

1403 → 태종, 주자소 설치, ________[7] 주조

1405 → 태종, ________[8] 건립

> **[창덕궁]**
> - ________[9] 때 소실 → 광해군 때 중건 → 경복궁 재건까지 법궁으로 사용
> - 1997년 유네스코 세계 문화유산 등재

1413 → 태종, 『태조실록』 편찬

1429 → 세종, ________[10] 편찬
(정초·변효문 등이 우리 풍토에 맞는 독자적인 농법 정리)

1431 → 세종, 『향약채취월령』 편찬

1433 → 세종, ________[11] 편찬
(우리 풍토에 맞는 약재와 치료법 정리)

1434 → 세종, ________[12]❷ 편찬
(충신·효자·열녀 등의 행적을 그림과 글로 설명한 의례서)

1441 → 세종, 측우기 제작

1443 → 세종, 훈민정음 창제❸ (1446년 반포)

1444 → 세종, ________[13] (역법서) 간행

1445 → 세종, ________[14] 편찬
(동양 의학을 집대성한 의학 백과사전)

1447 → 세종, 안견이 ________[15]❹ 제작

1449 → 세종, ________[16]❺ 편찬 시작
→ 1451년 문종 때 완성
(기전체, 종·폐하 등 자주적 칭호 사용)

1452 → 문종, 『고려사절요』 편찬
(고려 역사를 ________[17]로 정리, 대신의 역할과 관료 제도 강조)

1454 → ________[18], 『세종실록지리지』 편찬
(울릉도와 독도에 관한 기록 존재)

1461 → 세조, ________[19] 설치
(불경 경전 간행·보급)

1466 → 세조, ________[20]와 규형 제작
(토지 측량 기구 → 지도 제작에 활용)

사료까지 한 번에 총정리!

❶ 혼일강리역대국도지도

❷ 『삼강행실도』 서문

천하의 떳떳한 다섯 가지가 있는데 삼강이 그 수위에 있으니, 실로 **삼강은 경륜의 큰 법이요 일만 가지 교화의 근본이며 원천입니다.** …… 우리 주상 전하가 근신(近臣)에게 명하기를 "삼대의 정치는 모두 인륜을 밝혔는데 후세에는 교화가 차츰 해이해져서 백성이 서로 화목하지 못하니 군신·부자·부부의 큰 인륜이 모두 본연의 성품과 위배되어 항상 박(薄)한 데에 흘렀다. ……" 하시고, 왕께서 집현전 부제학 신(臣) 설순에게 명하여 편찬하는 일을 맡게 하셨습니다. 이에 동방 고금의 서적에 기록되어 있는 것을 모두 열람하여 **효자·충신·열녀**로서 우뚝이 높아서 기술할 만한 자를 각각 1백 인을 찾아내었습니다. 그리하여 앞에는 형용을 그림으로 그리고, 뒤에는 사실을 기록하였으며, 모두 시를 붙였습니다.

❸ [21] 창제

- **최만리의 반대 상소** : "우리 조선은 조종 대부터 지성스럽게 대국을 섬기어 한결같이 중화의 제도를 따랐습니다. 글을 같이 하고 법도를 같이 하는데, 새로 언문을 만들었다는 소식을 듣고 화들짝 놀랐습니다. …… 이제 따로 **언문을 만드는 것은 스스로 중국을 버리고 오랑캐와 같아지려는 것입니다.** …… 진실로 관리된 자가 언문을 배워 통달한다면, 후진들이 모두 이를 보고 언문 28자로 출세할 수 있다고 할 것입니다. 무엇 때문에 몸과 마음을 다하여 성리(性理)를 연구하겠습니까." －『세종실록』
- **훈민정음 서문** : 이달에 훈민정음(訓民正音)이 이루어졌다. 어제(御製)에, "**나랏말이 중국과 달라 한자(漢字)와 서로 통하지 아니하므로,** 우매한 백성들이 말하고 싶은 것이 있어도 마침내 제 뜻을 잘 표현하지 못하는 사람이 많다. 내 이를 딱하게 여기어 **새로 28자(字)**를 만들었으니, 사람들로 하여금 쉬 익히어 날마다 쓰는 데 편하게 할 뿐이다." －『세종실록』

❹ 안견의 몽유도원도

❺ 『고려사』 서문

듣건대, 도끼 자루를 새로 만들 때는 헌 도끼 자루를 보고 그것을 본받으며, 뒤에 가는 수레는 앞에 가는 수레를 거울삼아 이를 조심한다고 합니다. 대개 이미 지나간 나라의 흥망성쇠는 진실로 장래의 감계(鑑戒)로 삼아야 할 것이기에 이에 한 편의 사서(史書)를 엮어서 감히 주상 전하께 올립니다. …… 범례(凡例)는 모두 사마천(司馬遷)이 지은 『사기(史記)』를 본받았고 그 큰 줄기는 낱낱이 전하께 아뢰어 재가를 받았습니다. **본기(本紀)라는 말을 피하여 세가(世家)라고 한 것은 명분(名分)의 중요함을 보이려는 까닭이며 신우, 신창을 「세가」에 넣지 않고 「열전」에 내려 놓은 것**은 왕위를 도적질한 사실을 엄히 밝히려 한 것입니다. 충신과 간신, 사악한 이와 올바른 이를 내용별로 나누고 제도와 문물을 종류별로 모았으니 계통이 어지러워지지 않고 연대도 상고할 수 있게 되었습니다.

정답 1 천상열차분야 2 경복궁 3 정도전 4 혼일강리역대국도 5 이회 6 중화 7 계미자 8 창덕궁 9 임진왜란 10 『농사직설』 11 『향약집성방』 12 『삼강행실도』 13 『칠정산』 14 『의방유취』 15 몽유도원도 16 『고려사』 17 편년체 18 단종 19 간경도감 20 인지의 21 훈민정음

05 문화사 조선 ②

1400

1467 — 세조, 원각사지 10층 석탑❶ 건립

1471 — 성종, _____[1]가 『해동제국기』 저술
(일본 및 주변국에 대한 내용과 교빙 기록 정리)

1474 — 성종, _____[2]❷ 편찬
(국가 행사에 필요한 길례·가례·빈례·군례·흉례의 오례를 정리한 의례서)

1476 — 성종, 『삼국사절요』 편찬

1478 — 성종, _____[3] 등이 『동문선』❸ 편찬
(삼국 시대 ~ 조선 초까지의 우수한 시·산문을 모아 편찬, 자주적 성격)

1481 — 성종, _____[4] 편찬
(인문 지리서, 『팔도지리지』를 토대로 『동문선』의 시문 첨가)

1483 — 성종, _____[5] 건립
(세종 때 지은 수강궁을 성종 때 수리·확장, 창덕궁과 함께 동궐로 불림)

1485 — 성종, _____[6](법전)❹ 완성·반포
· 성종, 서거정 등이 『동국통감』❺ 편찬

> **『경국대전』**
> - _____[7] 때 편찬 시작
> - 유교적 통치 질서와 문물 제도 완성
>
> **『동국통감』**
> - 단군 조선~고려 말까지의 역사를 _____[8]로 정리
> - 유교적 명분론에 입각

1488 — 성종, 최부가 _____[9] 저술
(중국에 표류한 내용을 일기 형식으로 정리)

1492 — 성종, _____[10] 폐지
(승려의 출가 금지 → 산간 불교화)
· 성종, 『금양잡록』 편찬
[_____[11]이 금양(경기도 시흥) 지방에서 직접 농사지은 경험을 토대로 저술]

1493 — 성종, 성현 등이 _____[12] 편찬
(음악의 원리와 역사, 악기, 무용 등을 망라하여 정리한 음악 이론서)

1500

1527 — 중종, _____[13]이 『훈몽자회』 편찬
(한자 학습서)

1530 — 중종, _____[14] 편찬
(『동국여지승람』 증보)

1543 — 중종, 주세붕이 _____[15] 건립
(최초의 서원, 안향 배향)

1557 — 명종, 조선방역지도❻ 제작 시작
(1558년 완성 추정, 만주와 _____[16]를 우리 영토로 표기)

1559 — 명종, 퇴계 이황과 고봉 _____[17]의 _____[18] 논쟁 전개

사료까지 한 번에 총정리!

❶ [19] 10층 석탑

❷ 『국조오례의』

- 세종(世宗)에 이르러서는 문치(文治)가 태평에 도달하여, 마침내 천재일우(千載一遇)의 기회를 맞이하였다. 이에 예조 판서 신 허조에게 명하여 여러 제사의 차례 및 길례 의식을 상세히 정하도록 하고, …… 또 세종(世宗) 조에 제정했던 오례의에 의거하여 옛것을 상고하고 지금의 것을 실증하게 하셨다.
- 갑오년 여름이 지나 비로소 능히 책이 완성되어 본뜨고 인쇄하여 장차 발행하고자 하였다. 신이 가만히 살펴보건대, 예를 기술한 것이 3300가지의 글이 있기는 하나 그 요점은 **길·흉·군·빈·가(吉凶軍賓嘉)**라고 말하는 5가지에 불과할 뿐이다.

❸ 『동문선』 서문

우리는 상감(上監)의 분부를 우러러 받아 **삼국 시대부터 뽑기 시작하여 당대의 사부(辭賦)·시문에 이르기까지** 약간의 글을 합하여서, 글의 이치가 순정하여 백성을 다스리고 가르치는 데 도움이 되는 것을 취하고 부문으로 나누고 종류대로 모아 130권으로 정리하여 올린바, 『동문선』이라고 이름을 내리셨습니다.

❹ 『경국대전』 서문

(세조께서 말씀하시길) "…… 여러 번 내린 교지가 있어 법이 아름답지 않은 것이 아니지만 관리들이 용렬하고 어리석어 제대로 받들어 행하지 못한다. 이는 진실로 법의 과목이 너무 호번(넓고 크며 번거롭게 많음)하고 앞뒤가 서로 모순되어 하나로 크게 정해지지 않았기 때문이다. 이제 **손익을 헤아리고 회통할 것을 산정하여 만대의 성법을 만들고자 한다.**"라고 하셨다. 책이 완성되어 여섯 권으로 만들어 바치니, **『경국대전(經國大典)』**이라는 이름을 내리셨다. **「형전(刑典)」과 「호전(戶典)」은 이미 반포되어 시행하고 있으나** 나머지 네 법전은 미처 교정을 마치지 못했는데, 세조께서 갑자기 승하하시니 지금 임금께서 선대왕의 뜻을 받들어 마침내 하던 일을 끝마치게 하시어 나라 안에 반포하셨다.

❺ [20] 서문

일찍이 세조께서 말씀하셨습니다. "우리 동방은 비록 역사책이 있으나 『자치통감』처럼 장편으로 된 통감이 없다." …… 범례는 모두 『자치통감』을 따랐습니다. 강목에서 가려 뽑은 뜻을 따라 번잡한 것을 없애고 중요한 것을 보존하는 데에 힘썼습니다. **삼국이 병립하였을 때는 「삼국기」**라 하고, **신라가 통일한 뒤에는 「신라기」**라 하였습니다. **고려 때는 「고려기」**라 하였고 **삼한 이전 시대는 「외기」**라 하였습니다.

❻ 조선방역지도

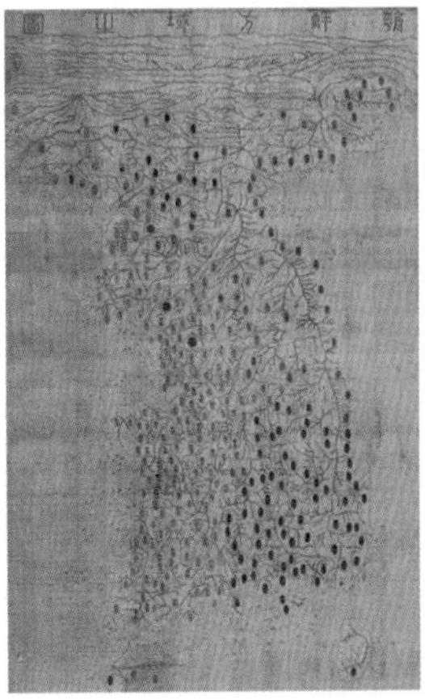

정답 1 신숙주 2 『국조오례의』 3 서거정 4 『동국여지승람』 5 창경궁 6 『경국대전』 7 세조 8 편년체 9 『표해록』 10 도첩제 11 강희맹 12 『악학궤범』 13 최세진 14 『신증동국여지승람』 15 백운동 서원 16 대마도 17 기대승 18 사단칠정 19 원각사지 20 『동국통감』

05 문화사 조선 ③

1500

1568 — 선조, ______[1]이 『성학십도』❶ 저술

1575 — 선조, ______[2]가 『성학집요』❷ 저술

> [『성학십도』와 『성학집요』]
> - ______[3] : 군주 스스로 성학을 따를 것을 제시
> - ______[4] : 현명한 신하가 성학을 군주에게 가르쳐야 한다고 주장, 『대학연의』를 보완, 통설·수기·위정·성현도통 등으로 구성

1580 — 선조, 이이가 ______[5] 편찬
(존화주의적 역사관 반영)

1589 — 선조, 권문해가 『대동운부군옥』 저술
(어휘 백과사전)

1600

1610 — 광해군, ______[6]이 『동의보감』❸ 완성

> [『동의보감』]
> - 1613년 간행, 우리 전통 의학을 체계적으로 정리
> - 2009년 유네스코 세계 기록유산 등재

1614 — 광해군, 이수광이 ______[7] 편찬
(마테오 리치의 『천주실의』 소개)

1615 — 광해군, ______[8]이 『동국지리지』 편찬
(역사 지리 연구서, 삼한의 위치 고증)

1653 — 효종, 시헌력 채택

1655 — 효종, 신속이 ______[9] 편찬
(벼농사 중심의 농법 소개 → 이앙법 보급에 공헌)

1667 — 현종, 허목이 『동사(東事)』 편찬
(단군 조선 ~ 삼국 시대까지의 역사를 기전체로 정리)
- 현종, ______[10]가 『여사제강』 편찬
(고려 역사를 강목체 형식의 편년체로 정리)

1670 — 현종, ______[11]이 『반계수록』 저술
(______[12]❹ 주장 : 국가가 신분에 따라 차등 있게 토지 재분배)

1700

1709 — 숙종, ______[13]❺가 ______[14] 형성
(양명학을 체계적으로 연구하여 발전, 한말 국학으로 계승)

1746 — 영조, ______[15](법전) 편찬

1750 — 영조, ______[16]이 『훈민정음운해』 편찬

1751 — 영조, 이중환이 ______[17] 저술
- 영조, 정선이 인왕제색도❻ 제작

1770 — 영조, ______[18]이 『동국문헌비고』 편찬
(우리나라의 각종 제도와 문물 총정리)

1778 — 정조, 안정복이 ______[19]❼ 편찬
(고조선 ~ 고려 말까지의 역사를 강목체로 정리, 독자적인 삼한 정통론 제시)
- 정조, ______[20]가 『북학의』 저술
(우물론❽: 생산력을 높이기 위해 절약보다 소비 권장)

사료까지 한 번에 총정리!

❶ 『성학십도』

후세 임금들은 천명을 받아 임금의 자리에 오른 만큼 그 책임이 지극히 무겁고 지극히 크지만, 자신을 다스리는 도구는 하나도 갖추어지지 않았습니다. …… 바라옵건데 밝으신 임금께서는 이러한 이치를 깊이 살피시어, 먼저 뜻을 세워 **"노력하면 나도 순 임금처럼 될 수 있다."라고 생각하십시오.**

❷ 『성학집요』

왕의 학문은 기질을 바꾸는 것보다 절실한 것이 없고, **제왕의 정치는 정성을 다해 어진 이를 등용하는 것보다 우선하는 것이 없을 것입니다.** 기질을 바꾸는 데는 병을 살펴 약을 쓰는 것이 효과를 거두고, 어진 이를 쓰는 데는 상하가 틈이 없는 것이 성과를 얻습니다.

❸ [21] 서문

"요즘 조선이나 중국의 의학책들은 모두 변변치 않고 보잘것없는 초록(抄錄)들이므로 그대는 여러 가지 의학책을 모아서 좋은 의학책을 하나 편찬하는 것이 좋겠다. …… 산간 벽지에는 의사와 약이 없어서 일찍 죽는 일이 많다. **우리나라에는 곳곳에 약초가 많이 나기는 하나 사람들이 잘 알지 못하니 이를 분류하고 지방에서 불리는 이름도 같이 써서 백성이 알기 쉽게 하라.**" …… 새 왕(광해군)이 즉위한 지 3년째 되는 경술년(1610)에 비로소 이 사업이 끝났다. 이 책의 이름을 "동의보감"이라고 지었으며, 모두 25권으로 되어 있다.

❹ 유형원의 균전론

농부 한 사람마다 1경을 받아 점유한다. 법에 의거하여 조세를 거둬들인다. 4경마다 군인 1명을 뽑는다. 유생으로서 처음 입학한 자는 2경, 내사에 들어간 자는 4경과 병역을 면제한다. 현직 관리로서 9품 이상부터 7품까지는 6경, 관품이 높아질수록 더하여 정2품에 이르면 곧 12경이고, 모두 병역을 면제한다. …… 토지를 받은 자가 죽으면 반납한다.

– 유형원, 『반계수록』

❺ 정제두의 사상

이미 양지라고 말하면 앎 속에 행함이 있고 행함 속에 앎이 있으니, 선후로 나눌 수는 없다. …… **앎과 행함은 본래 하나인 것이다.** 앎과 행함을 나누는 사람은 평범한 사람이며, 앎과 행함을 하나로 하는 사람은 어질고 지혜로운 사람이다.

– 『하곡집』

❻ 조선 후기의 회화

인왕제색도(정선)

금강전도(정선)

무동(김홍도)

단오풍정(신윤복)

❼ 안정복의 『동사강목』

삼국사에서 신라를 으뜸으로 한 것은 신라가 가장 먼저 건국되었고, 뒤에 고구려와 백제를 통합하였으며, 고려는 신라를 계승하였으므로 편찬한 것이 모두 신라의 남은 문적을 근거로 하였기 때문이다. …… 고구려의 강대하고 현저함은 백제에 비할 바가 아니며, 신라가 자처한 땅의 일부는 남쪽에 불과할 뿐이다.

❽ 박제가의 [22] 론

대체로 재물은 비유하건대 샘과 같은 것이다. 퍼내면 차고 버려두면 말라 버린다. 그러므로 비단옷을 입지 않아서 나라에 비단을 짜는 사람이 없게 되면 여공이 쇠퇴하고, 찌그러진 그릇을 싫어하지 않고 기교를 숭상하지 않아서 장인이 작업하는 일이 없게 되면 기예가 망하게 되며, 농사가 황폐해져서 그 법을 잃게 되므로 사농공상의 4민이 모두 곤궁하여 서로 구제할 수 없게 된다.

– 『북학의』

정답 1 이황 2 이이 3 『성학십도』 4 『성학집요』 5 『기자실기』 6 허준 7 『지봉유설』 8 한백겸 9 『농가집성』 10 유계 11 유형원 12 균전론 13 정제두 14 강화학파 15 『속대전』 16 신경준 17 『택리지』 18 홍봉한 19 『동사강목』 20 박제가 21 『동의보감』 22 우물

05 문화사 조선 ④

1700

1780 · 정조, ______[1] ❶이 『열하일기』 저술

1784 · 정조, 유득공이 『발해고』❷ 편찬
(최초로 ______[2] 시대 용어 사용)

1785 · 정조, ______[3](법전) 편찬

1789 · 정조, 이의봉이 『고금석림』 편찬
(우리나라의 방언과 해외 언어 정리)

1790 · 정조, ______[4] 편찬
(무예를 글과 그림으로 설명)

1792 · 정조, 정약용이 ______[5] 제작
(『기기도설』을 참고, 수원 화성 축조에 이용)

1796 · 정조, ______[6] 완공
(정치·군사적 기능 부여,
1997년 유네스코 세계 문화유산 등재)

1798 · 정조, 정약용이 『마과회통』 편찬
· 정조, 박지원이 ______[7] 편찬
(부록 「한민명전의」에서 ______[8] 주장,
영농 방법 혁신·상업적 농업 등 농업 생산력 중시)

1800

1803 · 순조, ______[9]가 『동사(東史)』 편찬
(기전체 사서, 고구려사 강조, 발해를 고구려를 계승한 나라로 인식 → 고대사 연구의 시야를 만주까지 확대)

1811 · 순조, 정약용이 ______[10] 편찬
(백제의 도읍지가 한성인 것과 ______[11]의 중심지가 백두산 동쪽임을 고증)

1814 · 순조, 정약전이 ______[12] 편찬
(유배지인 흑산도 연해의 어류를 조사하여 정리)

1817 · 순조, ______[13]이 『경세유표』 편찬

1818 · 순조, 정약용❸이 ______[14]❹ 편찬

> **[정약용의 주요 저서]**
> - 『경세유표』: 중앙 통치 체제 개혁, 정전론 제시
> - 『목민심서』: 지방 행정 조직 개혁, 목민관(지방관)의 자세 제시
> - 『마과회통』: 마진(홍역)에 대한 연구, 부록(『종두방서』)에서 제너의 ______[15]을 최초로 소개
> - 『흠흠신서』: 형옥 관련 법률서

1823 · 순조, 한치윤과 한진서가 ______[16] 편찬
(기전체 사서, 중국 및 일본 자료 참고
→ 민족사 인식의 폭 확대)

1824 · 순조, ______[17]가 『언문지』 편찬

1852 · 철종, 김정희가 『금석과안록』 편찬❺
(황초령비와 ______[18]를 판독하여 진흥왕 순수비임을 고증)

1861 · 철종, ______[19]가 대동여지도❻ 제작
(______[20]리마다 눈금 표시, 목판 지도)

1865 · 고종, ______[21](법전) 편찬

1894 · 고종, ______[22]가 『동의수세보원』 편찬
(사상 의학 체제 확립)

사료까지 한 번에 총정리!

❶ 박지원의 한문 소설

• 양반이란 사족(士族)들을 높여서 부르는 말이다. 정선군에 한 양반이 살았다. 이 양반은 어질고 글 읽기를 좋아하여 매양 군수가 새로 부임하면 으레 몸소 그 집을 찾아가서 인사를 드렸다. 그런데 이 양반은 집이 가난하여 해마다 고을의 환자(봄에 빌린 곡식을 가을에 갚던 일)를 타다 먹은 것이 쌓여서 천 석에 이르렀다. …… "보세요, 제가 무어라고 하였습니까? 당신은 평생 글을 읽기만 좋아하고 꾸어다 먹은 관곡을 갚을 방법을 생각하지 않으니 참으로 딱한 노릇입니다. 항상 '양반 양반'만 찾아 대더니 그 양반이란 것은 결국 한 푼 값어치도 못 되는 것이 아니겠어요?" – 박지원, 「양반전」

• 어느 고을에 벼슬을 좋아하지 않는 듯한 선비가 있으니 그의 호는 북곽 선생이었다. …… 그 고을 동쪽에는 동리자라는 과부가 살았는데 수절하는 과부였으나 아들 다섯의 성이 각기 달랐다. 어느 날 밤 둘이 같은 방에 있으니 그 아들들은 어진 북곽 선생이 밤에 과부를 찾아올 일이 없으니 여우가 둔갑한 것이라 여기고 잡으려 하였다. 북곽 선생이 놀라 도망치다가 벌판의 거름 구덩이에 빠지고 말았다.

– 박지원, 「호질」

❷ 유득공의 ______ [23]

고려가 발해사를 편찬하지 않은 것을 보면 고려가 국세를 떨치지 못했음을 알 수 있다. …… **대씨(발해)가 북방을 차지하고는 발해라 하였으니, 이것을 남북국이라 한다.** 당연히 남북국을 다룬 역사책이 있어야 하는데, 고려가 편찬하지 않은 것은 잘못이다. 저 대씨가 어떤 사람인가? 바로 고구려 사람이다. 그들이 차지하고 있던 땅은 어떤 땅인가? 바로 고구려 땅이다.

❸ 정약용의 여전론

이제 농사짓는 사람은 토지를 가지게 하고, 농사짓지 않는 사람은 토지를 가지지 못하게 하려면 여전제를 실시해야 한다. …… **1여마다 여장(閭長)을 두며 무릇 1여의 토지는 사람들에게 공동으로 경작**하게 하고, 내 땅 네 땅의 구분 없이 오직 여장의 명령만을 따른다. 매 사람의 노동량은 매일 여장이 장부에 기록한다. …… 국가에 바치는 공세를 제하고, 다음으로 여장의 녹봉을 제하며, 그 나머지를 날마다 일한 것을 기록한 장부에 의거하여 여민(閭民)들에게 분배한다.

❹ 『목민심서』

오늘날 백성을 다스리는 자는 백성에게서 걷어들이는 데만 급급하고 백성을 부양하는 방법은 알지 못한다. …… '심서(心書)'라고 이름 붙인 까닭은 무엇인가? 백성을 다스릴 마음은 있지만 몸소 실행할 수 없기 때문에 그렇게 이름 붙인 것이다.

❺ 김정희의 금석문 연구

이 비는 아무도 아는 사람이 없어 요승 무학이 여기에 이르렀다는 비라고 잘못 칭해 왔다. …… 내가 승가사에서 지나가다 비를 보게 되었다. …… 어렴풋이 획을 찾아서 시험 삼아 종이를 대고 탁본을 해내었다. 탁본을 한 결과 비의 형태는 황초령비와 서로 흡사하였고, 제1행 **진흥(眞興)의 진(眞) 자는 약간 마멸되었으나 여러 차례 탁본을 해서 보니, 진(眞) 자임에 의심할 여지가 없었다. 그래서 마침내 이를 진흥왕 순수비로 단정**하여 …… 무학비라고 하는 황당무계한 설이 혁파되었다.

❻ 김정호의 ______ [24]

• 22첩으로 된 분첩절첩식 지도(휴대 용이)
• 범례를 이용하여 산맥·하천·포구·도로망을 정밀하게 표시

정답 1 박지원 2 남북국 3 『대전통편』 4 『무예도보통지』 5 거중기 6 수원 화성 7 『과농소초』 8 한전론 9 이종휘 10 『아방강역고』 11 발해 12 『자산어보』 13 정약용 14 『목민심서』 15 우두종두법 16 『해동역사』 17 유희 18 북한산비 19 김정호 20 10 21 『대전회통』 22 이제마 23 『발해고』 24 대동여지도

PART II

근현대사

01 근대 ①

1860

1863 → 고종 즉위, ______[1] 집권

1865 → ______[2] 혁파
(의정부와 ______[3] 체제 부활)
- 만동묘 철폐
- ______[4] 중건 시작(~1867, 완공)

[흥선 대원군의 개혁 정책]
- 왕권 강화책
  - 세도 정치 타파 : 비변사 혁파, 인재 등용❶
  - 법전 정비 : ______[5], 『육전조례』 편찬
- 민생 안정책
  - 삼정 개혁 : 양전 사업·______[6]·사창제 실시
  - 서원 철폐 : 만동묘 철폐, 전국 ______[7]개 외 서원 철폐❷
- 경복궁 중건 사업
  - 목적 : 왕실 위엄 강화
  - 한계 : 원납전 징수·______[8] 발행, 양반의 묘지림 벌목, 백성 강제 동원 → 불만 고조

1866.1. → 병인박해
(천주교 박해, ______[9] 신부 9명 처형 → 병인양요의 원인❸)

1866.7. → ______[10] 사건❹
(대동강 앞바다에서 미국 상선 소각 → ______[11]의 원인)

1866.9. → 병인양요

[병인양요]
- 원인 : 프랑스가 ______[12]를 구실로 통상 수교 시도
- 전개 : 프랑스 함대(로즈 제독)가 강화부 점령 → 한성근 부대(문수산성)와 ______[13] 부대(정족산성)의 항전 → 프랑스군 철수
- 결과 : 프랑스군이 ______[14] 도서 등 약탈

1868.4. → ______[15] 도굴 사건❺
(독일 상인 오페르트가 흥선 대원군의 아버지인 ______[16] 묘 도굴 시도)

1870

1871.4. → 신미양요

[신미양요]
- 원인 : 미국이 제너럴셔먼호 사건을 구실로 통상 수교 시도
- 전개 : 미국 함대(로저스 제독)가 강화도 침략 → ______[17], 덕진진 함락 → ______[18] 부대(광성보)의 항전
- 결과 : 미군이 수자기 약탈, 대원군이 ______[19] 건립❻

1873 → 흥선 대원군 하야, ______[20]의 친정 시작
(← 최익현의 흥선 대원군 탄핵 상소❼)

1875 → ______[21] (일본의 문호 개방 요구)

1876.2. → 조·일 수호 조규(______[22] 조약)

[조·일 수호 조규]
- 청의 종주권 부인
- 부산(1876)·______[23](1880)·인천(1883) 개항
- 해안 측량권·______[24](영사 재판권) 인정 → 불평등 조항

1876.4. → 일본에 1차 ______[25] 파견
(김기수, 『일동기유』 저술)

1876.7. → 조·일 수호 조규 부록

[조·일 수호 조규 부록]
- 일본 외교관의 내지 여행 허용
- ______[26](거류지) 설정(개항장 사방 10리)
- 개항장에서 일본 화폐 유통 허용

사료까지 한 번에 총정리!

❶ 흥선 대원군의 인재 등용

"**나는 천리(千里)를 끌어다 지척(咫尺)을 삼겠으며, 태산을 깎아내려 평지를 만들고, 또한 남대문을 3층으로 높이려 하는데,** 여러분들은 어떻게 생각하오?"라고 하였다. …… 대개 천리지척이라는 말은 종친을 높인다는 뜻이요, 남대문 3층이란 말은 남인을 천거하겠다는 뜻이요, 태산을 평지로 만들겠다는 말은 노론을 억압하겠다는 의사이다. – 황현, 『매천야록』

❷ ______[27] 의 서원 철폐

나라 안 **서원을 죄다 허물고 서원의 유생들은 쫓아버리도록 하였다.** 감히 항거하는 자는 반드시 죽이라 하니, 사족이 크게 놀라서 온 나라 안이 물 끓듯 하고 대궐 문간에 나가 울부짖는 자를 헤아릴 수 없었다. …… **대원군이 크게 노하여 말하기를,** "진실로 백성에게 해되는 것이 있으면 **비록 공자가 다시 살아난다 하더라도 나는 용서치 않겠다.** 하물며 서원은 우리나라 선유를 제사하는 곳인데 지금은 도둑의 소굴이 되어 버렸으니 말할 것도 없다."라고 하였다. – 박제형, 『근세조선정감』

❸ 병인양요의 배경

조선 국왕이 프랑스 주교 2인과 선교사 9인 그리고 조선인 신도 다수를 살해했다고 한다. 이러한 잔인한 폭력은 패망을 자초하는 것이다. …… 수일 내로 **조선 정복을 위해 출정**할 것이다. 조선을 정복해서 국왕을 책립하는 문제는 프랑스 황제의 명령에 따라 시행할 것이다. …… 이에 본관은 중국이 조선 문제에 간섭하지 않는다고 믿고, 지금부터 본국(프랑스)과 조선 사이에 전쟁이 있더라도 간섭하지 말 것을 선언한다.

– 벨로네의 서한

❹ 제너럴셔먼호 사건

성 안팎 군대와 백성들이 한결같이 격분한 마음을 품게 되었다. 명령이 없이도 모이고 북이 울리지 않아도 다투어 탄환과 화살을 마구 쏘아 그 기세가 서로 어울려 죽음을 돌보지 않고 위험을 무릅쓰며 곧 성 밑의 방어를 맡고, 끝내 불배를 내려 보내는 전술로써 …… **평양부에 정박하고 있는 서양배**가 더욱 광폭해져서 **포와 총을 쏘아대고 우리나라 사람을 살해**하니 이를 제압하는 길은 화공밖에 없었다. **일제히 방화하여 배를 불태웠다.** – 평양 감사 박규수의 보고서, 「신미양요일지」

❺ 오페르트 도굴 사건

[영종 첨사의 회신]

너희 나라와 우리나라 사이에는 원래 서로 왕래도 없었고, 은혜를 입거나 원수진 일도 없다. 이번 **덕산 묘지에서 저지른 사건은 사람으로서 차마 할 수 있는 일이겠는가?** 또한 방비가 없는 것을 엿보아 몰래 들이닥쳐 소동을 일으키며, 무기를 빼앗고 백성들의 재물을 강탈하는 것도, 사리로 볼 때 어찌 할 수 있는 일이겠는가? 이런 사태에서 우리나라 신하와 백성들은 있는 힘을 다하여 한마음으로 네놈들과 같은 하늘을 이고 살 수 없다는 것을 다짐할 뿐이다. – 『고종실록』

❻ 척화비 건립

洋夷侵犯(양이침범) : 서양 오랑캐가 침입하는데
非戰則和(비전즉화) : 싸우지 않으면 화친하는 것이요
主和賣國(주화매국) : 화친을 주장하는 것은 나라를 파는 것이다.
戒我萬年子孫(계아만년자손) : 우리들 만대 자손에게 경고하노라!
丙寅作 辛未立(병인작 신미립) : 병인년에 짓고, 신미년에 세운다.

❼ ______[28] 의 흥선 대원군 탄핵 상소

호조참판 최익현이 상소하기를 "…… 지난 나랏일을 보면 폐단이 없는 곳이 없어 명분이 바르지 못하고 말이 순하지 않아 짧은 시간 안에 다 마칠 수 없을 정도입니다. 그 가운데 드러난 더욱 심한 것을 보면, **황묘(만동묘) 철거**로 임금과 신하의 윤리가 썩었고, **서원 철폐**로 스승과 제자의 의리가 끊어졌으며, 귀신의 후사로 나가는 일로 **아비와 자식의 친함이 문란**해졌고, 호전(청나라 화폐)을 써서 중화와 오랑캐의 분별이 어지러워졌습니다. 이 몇 가지 조목들이 곧 한 조각이 되어 천리와 인륜이 이미 탕진되어 남아있는 것이 없습니다." – 『고종실록』

정답 1 흥선 대원군 2 비변사 3 삼군부 4 경복궁 5 『대전회통』 6 호포제 7 47 8 당백전 9 프랑스 10 제너럴셔먼호 11 신미양요 12 병인박해 13 양헌수 14 외규장각 15 오페르트 16 덕산 17 초지진 18 어재연 19 척화비 20 고종 21 운요호 사건 22 강화도 23 원산 24 치외 법권 25 수신사 26 간행이정 27 흥선 대원군 28 최익현

01 근대 ②

1870

1876.7. — 조·일 무역 규칙

> [조·일 무역 규칙(조·일 통상 장정)]
> - 양곡(쌀·잡곡) ____[1] 유출 허용
> - 일본 수출입 상품에 대한 ____[2], 무항세 규정

1880

1880.5. — 일본에 2차 수신사 파견(____[3]), 김홍집이 황쭌셴의 ____[4]❶ 유포
↔ ____[5](1881, 이만손), 만언 척사소(1881, 홍재학)

> [위정척사 운동]
> - 1860년대 통상 반대 운동 : 척화 주전론(이항로, 기정진) → 흥선 대원군의 대외 정책 지지
> - 1870년대 개항 반대 운동❷ : 왜양 일체론, 개항 불가론(____[6], 유인석)
> - 1880년대 개화 반대 운동❸ : 개화 반대론(이만손, 홍재학) → 정부의 개화 정책 추진 반대

1880.12. — ____[7] 설치
(정부의 개화 정책 추진 기구)

1881.4. — 일본에 ____[8]❹을 비밀리에 파견(유길준, 박정양, 어윤중, 홍영식 등 → 일본 정세 파악, 근대 산업 시찰)
- ____[9] 창설
(신식 군대, 근대적 군사 훈련 실시)

1881.9. — 청에 ____[10] 파견(김윤식 + 유학생)
→ 귀국 후 ____[11] 설치(1883)

1882.4. — 조·미 수호 통상 조약
(거중조정, 영사 재판권(치외 법권), 관세 조항, ____[12] 대우 규정)

1882.6. — 임오군란

> [임오군란]
> - **원인** : 구식 군인에 대한 차별 대우, 정부의 개화 정책 반발, 도시 빈민층의 생활 곤란
> - **과정** : 구식 군인들이 선혜청·민겸호 자택·일본 공사관 습격, 별기군 훈련 교관 살해 → 하층민 합세, 궁궐 습격 → 민씨 세력 축출, 민비 충주로 피신 → 흥선 대원군 재집권 → 민씨 정권의 지원 요청 → 청군의 개입 → 군란 진압, ____[13]을 청으로 압송
> - **결과** : 청의 내정 간섭 심화(내정 고문 마젠창, 외교 고문 ____[14] 파견), 조·청 상민 수륙 무역 장정·____[15] 체결

1882.7. — 제물포 조약❺
(일본에 배상금 지불, 일본 공사관에 ____[16] 주둔 허용)
- 조·일 수호 조규 속약❻
(____[17] 확대, 양화진 개시)

1882.8. — 일본에 3차 수신사 파견(박영효, 8. 8.)
(『사화기략』 저술, ____[18] 게양)
- ____[19] 무역 장정(8. 23.)
(속방 규정, 청 상인 ____[20], 영사 재판권(치외 법권) 인정)

1883 — ____[21] 설립
(최초의 근대식 사립 학교)

1883.6. — ____[22] 개정❼
(____[23]·관세·최혜국 대우 규정)

1883.7. — 미국에 ____[24] 파견
(____[25], 홍영식, 유길준, 서광범 등)

사료까지 한 번에 총정리!

❶ 『조선책략』

조선 땅은 실로 아시아의 요충을 차지하고 있어 열강들이 서로 차지하려고 할 것이다. 조선이 위태로우면 중국도 위급해진다. 러시아가 영토를 넓히려고 한다면 반드시 조선이 첫 번째 대상이 될 것이다. …… 그렇다면 **오늘날 조선이 세워야 할 책략으로 러시아를 막는 것보다 더 급한 일이 없다. 이를 막는 책략은 무엇인가? 중국과 친하고, 일본과 맺고, 미국과 이어짐으로써 자강을 도모**할 뿐이다. – 황쭌셴, 『조선책략』

❷ 1870년대 [26] 반대 운동 – 왜양 일체론

일단 강화를 맺고 나면 저들의 욕심은 물화를 교역하는 데 있습니다. 저들의 물화는 대부분 수공 생산품이라 그 양이 무궁한 데 반하여, 우리 물화는 대부분 백성들의 생명이 달린 것이고, 땅에서 나는 것으로 한정이 있는 것입니다. …… **저들이 비록 왜인이라고 하나 실은 양적입니다.** 강화가 한번 이루어지면 사학 서적과 천주의 초상화가 교역하는 속에 들어올 것입니다.

– 최익현, 『면암집』

❸ 1880년대 [27] 반대 운동 – 영남 만인소

수신사 김홍집이 가지고 와서 유포한 **황쭌셴의 사사로운 책자를 보노라면 어느새 털끝이 일어서고 쓸개가 떨리며 울음이 복받치고 눈물이 흐릅니다.** …… 청은 우리가 신하로서 섬기는 바이며 신의와 절도를 지키고 속방의 직분을 충실히 지킨 지 벌써 2백 년이나 되었습니다. …… 일본은 이미 우리의 수륙 요충 지대를 점거하고 있어 우리의 허술함을 알고 충돌을 자행할 경우 이를 제지할 길이 없습니다. 미국을 끌어들일 경우 만약 그들이 재물을 요구하고 우리의 약점을 알아차려 어려운 청을 하거나 과도한 경우를 떠맡긴다면 거기에 응하지 않을 도리가 없습니다. 러시아는 우리와 혐의가 없는 나라입니다. 공연히 남의 말만 들어 틈이 생긴다면 우리의 위신이 손상될 뿐만 아니라 이를 구실로 침략해 온다면 구제할 길이 없습니다. **러시아·미국·일본은 같은 오랑캐입니다. 그들 사이에 누구는 후하게 대하고 누구는 박하게 대하기는 어려운 일입니다.**

– 『일성록』

❹ 조사 시찰단의 보고서

조선의 과제는 하루속히 부강지도(富强之道)를 얻어 행하여 자강(自强)을 실현하는 것입니다. 부강지도가 근대적 개혁이며, 만일 이 방법에 의하여 부강을 이루지 못하면 이웃 나라의 수모를 받을 위험이 매우 큽니다. – 어윤중

❺ 제물포 조약

제3조 조선국은 5만 원을 내어 해를 당한 일본 관리들의 유족 및 부상자에게 주도록 한다.

제4조 흉도들의 포악한 행동으로 인하여 일본국이 입은 손해와 공사를 호위한 해군과 육군의 군비 중에서 **50만 원**을 조선국에서 보충한다.

제5조 **일본 공사관에 군사 몇 명을 두어 경비를 서게 한다.** 병영을 설치하고 수리하는 것은 조선국이 맡아 한다. 만약 조선의 군사와 백성들이 규약을 지켜 1년이 지난 뒤에 일본 공사가 직접 경비가 필요하지 않다고 할 때에는 군사를 철수해도 무방하다. – 『고종실록』

❻ 조·일 수호 조규 속약

제1관 부산·원산·인천 각 항구의 통행할 수 있는 거리를 이제부터 사방 각 50리(里)로 넓히고, 2년이 지난 뒤 다시 각각 100리로 한다. 지금부터 1년 뒤에는 **양화진(楊花津)을 개시(開市)**로 한다.

제2관 일본국 공사와 영사 및 그 **수행원과 가족**은 마음대로 **조선의 내지 각 곳을 돌아다닐 수 있다.** – 『고종실록』

❼ 조·일 통상 장정 개정

제37관 만약 조선국에 가뭄·수해·병란(兵亂) 등의 일이 있어 국내 식량 결핍을 우려하여 조선 정부가 잠정적으로 **쌀의 수출을 금지하고자 할 때는** 반드시 먼저 **1개월 전에 지방관이 일본 영사관에 통고**해야 한다. 또한 그 시기를 미리 항구에 있는 일본 상민에게 전달하여 일률적으로 준수하는 데 편리하게 한다.

정답 1 무제한 2 무관세 3 김홍집 4『조선책략』 5 영남 만인소 6 최익현 7 통리기무아문 8 조사 시찰단 9 별기군 10 영선사 11 기기창 12 최혜국 13 흥선 대원군 14 묄렌도르프 15 제물포 조약 16 일본 경비병 17 간행이정 18 태극기 19 조·청 상민 수륙 20 내지 통상권 21 원산 학사 22 조·일 통상 장정 23 방곡령 24 보빙사 25 민영익 26 개항 27 개화

01 근대 ③

1880

1883.7. • ________[1] **설치**(근대적 인쇄술 도입)
• ________[2] **설치**(당오전 주조)

1883.8. • ________[3] **설립**
(묄렌도르프가 설립, 외국어 교육 기관)
• **혜상공국 설치**

1883.10. • ________[4] **간행**(순 한문, 박문국에서 10일마다 간행, 관보적 성격)
• **조·영 수호 통상 조약**(내지 통상권과 최혜국 대우 인정, 1884년 4월 비준)

1884.3. • **우정총국 설치**

1884.5. • ________[5] **조약**
(청과 일본의 견제로 지연 → 러시아가 조선 정부와 독자적으로 체결)

1884.10. • **조·독 수호 통상 조약 비준**(1882년 체결 → 독일의 조인 거부로 1884년 비준)
• **갑신정변**❶

[갑신정변]
- 원인 : 청·프 전쟁으로 인해 청군 병력 일부 철수, 일본 공사의 지원 약속
- 과정 : 김옥균·박영효 등 급진 개화파가 ________[6] 개국 축하연을 이용하여 정변 단행 → 고종과 민비의 거처를 창덕궁에서 ________[7]으로 옮기고 정권 장악(개화당 정부 수립), 14개조 혁신 정강❷ 발표 → 청군의 개입으로 실패
- 결과 : 청의 내정 간섭 강화, 한성 조약·톈진 조약 체결

1884.11. • ________[8] **조약**❸(일본에 ________[9] 지불 및 일본 공사관의 신축 비용 부담)

1885.2. • **광혜원 설립**(→ 제중원 → 세브란스 병원)

1885.3. • ________[10] **조약**❹
(조선 내 ________[11] 양군 공동 철수, 조선 파병 시 상대 국가에 미리 알릴 것을 규정)
• ________[12] **사건**
(~1887. 2., ________[13]의 남하 견제를 구실로 ________[14]이 거문도를 불법 점령)
→ 갑신정변 이후 한반도를 둘러싼 열강의 경쟁 심화 ↔ 한반도 중립화론 대두 (________[15]의 조선 중립화론❺)

1885.8. • **서울-인천 간 전신 업무 개시**

1886.1. • **고종, 노비 세습제 폐지**

1886.5. • **이화 학당 개교**
• ________[16] **조약**
(________[17] 인정 문제로 지연 → 1887년 4월 비준)

1886.9. • ________[18] **개교**
(최초의 근대적 공립 학교)

1888.8. • **조·러 육로 통상 장정**(경흥 지역 조차 허용, 러시아 상인의 특권 인정)

1889.9. • **함경도 관찰사 조병식의** ________[19] **선포**

1890

1892.11. • ________[20] **집회**❻
(교조 신원과 동학 탄압 중지 요구)

사료까지 한 번에 총정리!

❶ 갑신정변

이날 밤 **우정국에서 낙성식 연회**를 가졌는데 총판 홍영식이 주관하였다. 연회가 끝나갈 무렵에 담장 밖에서 불길이 일어나는 것이 보였다. 이때 민영익도 우영사로서 연회에 참가하였다가 불을 끄려고 먼저 일어나 문밖으로 나갔는데, 밖에 어떤 여러 명의 흉도들이 칼을 휘두르자 나아가 맞받아치다가 칼을 맞고 대청 위에 돌아와서 쓰러졌다. 자리에 있던 사람들이 모두 놀라서 흩어지자 **김옥균, 홍영식 등이** 자리에서 일어나 궐내로 들어가 곧바로 침전에 이르러 **변고에 대하여 급히 아뢰었다. 임금께서 경우궁으로 거처를 옮겼다.** -『고종실록』

❷ 14개조 혁신 정강

제1조 흥선 대원군을 빨리 귀국시키고 종래 청에 대해 행하던 **조공의 허례를 폐지**한다.

제2조 **문벌을 폐지**하고 인민 평등권을 제정하여 능력에 따라 관리를 임명한다.

제3조 **지조법을 개혁**하여 관리의 부정을 막고 백성을 보호하며 재정을 넉넉히 한다.

제9조 **혜상공국을 혁파**한다.

제12조 **모든 재정은 호조에서 관할**한다.

제13조 대신과 참찬은 의정부에 모여 정령을 의결하고 반포한다.

❸ 한성 조약

제1조 조선국은 국서를 보내 일본에 사의를 표명한다.

제2조 해를 입은 **일본인 유족과 부상자를 구제**하며, 또 상인들의 재물이 훼손·약탈된 것을 보상하기 위해 조선국은 **11만 원**을 지불한다. -『고종실록』

❹ 톈진 조약

제1조 **청국은 조선에 주둔한 군대를 철수하고, 일본국은 공사관 호위를 위해 조선에 주재한 병력을 철수한다.**

제2조 청국과 일본국은 조선국 군대를 훈련시키기 위하여 외국 무관 1인 내지 수인을 채용하고 두 나라(청·일)의 무관은 파견하지 않는다.

제3조 앞으로 조선에 변란이나 중대 사건이 일어나 **청·일 두 나라나 어떤 한 국가가 파병을 하려고 할 때에는 마땅히 그에 앞서 쌍방이 문서로써 알려야 한다.** 그 사건이 진정된 뒤에는 즉시 병력을 철수시키며 잔류시키지 못한다. -『고종실록』

❺ 유길준의 ______21

우리나라가 아시아의 인후(咽喉, 목구멍)에 처해 있는 지리적 위치는 유럽의 벨기에와 같고, 중국에 조공하던 처지는 터키에 조공하는 불가리아와 같다. 대저 **우리나라가 아시아의 중립국이 된다면 러시아를 방어하는 큰 기틀이 될 것**이고, 또한 아시아의 여러 대국들이 서로 보전하는 정략도 될 것이다. 중국이 맹주가 되어 여러 나라들과 화합하고 우리나라를 참석시켜 같이 조약을 체결토록 해야 될 것이다. - 유길준, 『중립화론』

❻ 삼례 집회 격문

우리들의 뜻은 선사(최제우)의 지극한 억울함을 풀고자 함입니다. 선사의 가르침은 오직 유, 불, 선이 도를 합하여 충군 효친하며 지성 사대함에 있습니다. 이러한 것이 만약 이단이라면 이와 반대되는 것이 도리어 정학이 되는지 우리들은 모르겠습니다. …… 수령으로부터 이서, 군교, 향리, 토호까지 우리들의 가산을 탈취하여 자기 재산처럼 여기며, 살상, 구타, 능멸, 학대함에 거리낌이 없습니다. 슬퍼도 이 중생이 호소할 데가 없습니다. 각하(전라 감사)께서 각 고을에 글을 보내 **선사의 억울함을 풀어주고 이서가 폭행을 하지 못하게 엄히 막아 주십시오.**

정답 1 박문국 2 전환국 3 동문학 4 한성순보 5 조·러 수호 통상 6 우정총국 7 경우궁 8 한성 9 배상금 10 톈진 11 청·일 12 거문도 13 러시아 14 영국 15 유길준 16 조·프 수호 통상 17 천주교 포교 18 육영 공원 19 방곡령 20 삼례 21 조선 중립화론

01 근대 ④

1890

1893.2. • **한양 복합 상소**
(교조 신원에 대한 복합 상소 운동)

1893.3. • ________[1] **집회**
(탐관오리 숙청과 왜양 축출 등 요구)
• **금구 집회**

1894.1. • **고부 민란**(1. 10.)
(고부 군수 ________[2]의 학정)
→ 전봉준이 농민들과 고부 관아 습격
→ 신임 군수 박원명 임명, 고부 민란 수습
→ 정부가 ________[3] 이용태 파견
(고부 민란 진상 조사)

1894.3. • **백산 봉기(1차 농민 봉기: 반봉건, ________[4] 참여): 무장에서 창의문 발표 → 백산 집결**
(백산 격문❶·4대 강령 선언, 호남 창의소 설치)

1894.4. • **고부 황토현 전투**(4. 7., 농민군 승리)
• **장성 황룡촌 전투**(4. 23., 농민군 승리)
• **농민군이 ________[5] 점령**(4. 27.)
→ 정부는 청에 지원 요청

1894.5. • **청군 아산만 상륙**(5. 5.),
일본군 인천 상륙(5. 6.)
• ________[6] **(5. 7., 농민군 - 정부)**
→ 정부가 동학 농민군의 폐정 개혁안❷ 수용

1894.6. • **정부의 ________[7] 설치**(6. 11., 개혁 시도)
→ 농민군은 집강소 설치, 폐정 개혁안 실천
• **일본의 ________[8] 점령**
(6. 21., 내정 개혁 강요)
• **제1차 김홍집 내각 수립, 제1차 갑오개혁 추진**
: 교정청 폐지 → ________[9] 설치(6. 25.)

[제1차 갑오개혁 내용]❸
• **정치** : 의정부와 궁내부, 8아문 체제 정비, ________[10] 폐지, '개국' 기원 사용, 경무청 설치
• **경제** : 재정 일원화(탁지아문), 은 본위제 채택, 도량형 통일
• **사회** : 신분제 폐지, 과부 재가 허용, 고문과 연좌제 폐지, ________[11] 금지

1894.9. • **농민군 삼례에서 재봉기**❹
(2차 농민 봉기: 반봉건·________[12])

1894.10. • **논산에 남접(전봉준) + 북접(________[13]) 집결**

1894.11. • **공주 ________[14] 전투**(농민군 패배)
→ 산발적 전투 지속(보은 전투 등)
→ 12월, 동학 지도부(전봉준) 체포·처형
• **제2차 김홍집·________[15] 내각 수립,**
제2차 갑오개혁 추진 : 군국기무처 폐지

[제2차 갑오개혁 내용]
중앙 조직 개편(의정부 폐지, 내각제 도입, 8아문 → 내각 ________[16]부), 지방 행정 개편(8도 → ________[17]부 337군), 사법권 독립, 지방관 권한 축소

1894.12. • **고종, 홍범 14조**❺ **반포**

1895.2. • **고종, ________[18] 반포**
→ **한성 사범학교 개교**(1895. 4.)

1895.3. • ________[19] **조약**
(청이 일본에 타이완, 요동 반도 할양)
→ **삼국 간섭**(러시아·프랑스·________[20] 개입
→ 일본이 청에 ________[21] 반환
→ 친러파 대두)

1895.7. • **제3차 김홍집 내각 수립**(친러)

1895.8. • **을미사변**(________[22] 시해 사건)

사료까지 한 번에 총정리!

❶ [23] 격문(호남 창의문)

우리가 의(義)를 들어 여기에 이르렀음은 그 본의가 결코 다른 데 있지 아니하고 창생을 도탄 중에서 건지고 국가를 반석 위에다 두고자 함이라. **안으로는 탐학한 관리의 머리를 베고 밖으로는 횡포한 강적의 무리를 쫓아 내몰고자 함이라.** 양반과 부호의 앞에서 고통을 받는 민중들과 굴욕을 받는 소리(小吏)들은 우리와 같이 원한이 깊은 자이라. 조금도 주저하지 말고 이 시각으로 일어서라. 만일 기회를 잃으면 후회하여도 돌이키지 못하리라.

– 전봉준의 격문

❷ 동학 농민군의 [24]

1. 동학 교도와 정부는 원한을 씻고 서정에 협력한다.
2. **탐관오리**는 죄상을 **조사하여 엄징**한다.
3. 횡포한 부호를 엄징한다.
4. 불량한 유림과 양반들을 징벌한다.
5. **노비 문서는 불태워 버린다.**
6. **7종 천인의 대우를 개선**하고 백정이 쓰는 평량갓은 벗겨 버린다.
7. 청상과부의 **개가를 허용**한다.
8. **무명의 잡세는 일체 폐지**한다.
9. 관리의 채용에는 지벌을 타파하고 인재를 등용한다.
10. 왜와 내통하는 자는 엄징한다.
11. 공사채를 막론하고 기왕의 것을 무효로 한다.
12. **토지는 균등히 나누어 경작**케 한다.

❸ 제1차 갑오개혁의 법령

1. 지금부터 국내외 공사 문서에 **개국 기원을 사용**할 것
2. **문벌과 계급을 타파**하여 귀천을 가리지 않고 인재를 뽑아 쓸 것
4. **연좌율을 폐지**할 것
6. 남녀의 **조혼을 엄금**한다. 남자는 20세, 여자는 16세라야 비로소 결혼을 허락할 것
7. **과부의 재혼은 자유**에 맡길 것
8. **공사 노비법을 혁파**하고 인신 판매를 금할 것
17. 역인, 기생, 백정 등의 **천민 대우를 폐지**할 것
20. 각 도의 부세·군보 등으로 상납하는 쌀·콩·면포는 **금납제**로 대치하도록 마련할 것

❹ 2차 농민 봉기와 공주 우금치 전투

- **2차 봉기 격문** : 일본이 구실을 만들어 군대를 동원하여 우리 임금님을 핍박하고 우리 국민을 어지럽게 함을 어찌 그대로 참을 수가 있단 말이오. …… 지금 조정 대신은 망령되고 구차하게 생명을 유지하여, 위로는 군부를 위협하고 밑으로는 국민을 속여 왜이(倭夷, 일본)와 연결하여 삼남의 국민에게 원한을 사며 망령되게 친병을 움직여 선왕의 적자를 해하려 하니 참으로 그 무슨 뜻이오. …… 갑오 10월 16일 논산에서 삼가 올림
- **우금치 전투의 패배** : 우리나라 총의 사정거리는 100보 정도에 불과하지만, 일본 총의 사정거리는 400~500보도 더 되었다. 불이 총대 안에서 저절로 일어나 불을 붙이는 번거로움이 없었다. …… 적(동학 농민군)과 수백 보 떨어진 거리에서 총탄이 미치지 못할 것을 헤아린 다음 비로소 총을 쏘았으므로 적은 빤히 쳐다보면서도 감히 한 발도 쏘지 못하였다.

– 황현, 『오하기문』

❺ [25]

1. 청국에 의탁하는 생각을 끊어버리고 확실히 **자주독립**하는 기초를 확고히 세울 것
4. **왕실 사무와 국정 사무를 모름지기 나누어** 서로 혼합하지 아니할 것
6. 인민이 부세를 냄을 다 법령으로 정하고 망령되게 명목을 더해 함부로 거두지 아니할 것
7. 조세 과징과 경비 지출은 모두 **탁지아문이 관할**할 것
11. 나라 안의 총명한 자제를 널리 파견하여 외국의 학술과 기예를 견습할 것
13. 민법과 형법을 엄격하고 명확하게 제정하고 함부로 사람을 가두거나 징벌하지 말게 하여 인민의 생명과 재산을 보전할 것
14. 사람을 쓰는 데 문벌에 구애받지 아니하고 세상에 퍼져 있는 선비를 두루 구해 인재의 등용을 넓힐 것

정답 1 보은 2 조병갑 3 안핵사 4 남접 5 전주성 6 전주 화약 7 교정청 8 경복궁 9 군국기무처 10 과거제 11 조혼 12 연좌제 13 은본위제 14 우금치 15 박영효 16 7 17 23
18 교육 입국 조서 19 시모노세키 20 독립 21 을미 개혁 22 명성황후 23 백산 봉기 24 폐정 개혁안 25 홍범 14조

01 근대 ⑤

1890

1895. 8. • **을미개혁**❶ (제4차 김홍집 내각)

> [을미개혁 내용]
> 태양력 사용, 단발령 시행, '______[1]' 연호 사용, 종두법 시행, 소학교 설치, 친위대와 ______[2] 설치

1895. 10. • **춘생문 사건**
(친러·친미파들이 고종을 미국 공사관으로 피신 시도 → 실패)

1895. 11. • ______[3] 시행 (→ 을미의병❷의 원인)

> [을미의병]
> • 배경 : 을미사변, 단발령
> • 내용 : 유생 출신 의병장(유인석, 이소응) 주도, ______[4]의 해산 권고로 자진 해산

• ______[5] 시행 (음력 1895년 11월 17일 → 양력 1896년 1월 1일)

1896. 2. • ______[6] (고종의 러시아 공사관 피신)

1896. 4. • 독립신문 창간 (______[7])

1896. 7. • ______[8] 창립

> [독립 협회]
> • 민중 계몽 운동 : 독립문 건립, 강연회와 토론회 개최, ______[9] 발행
> • 자주 국권 운동 : 외세의 내정 간섭과 이권 침탈 규탄 → 러시아의 ______[10] 조차 요구 저지, 한·러은행 폐쇄 등
> • 자유 민권 운동 : 국민 신체의 자유와 재산권 보호, 언론과 집회 등의 자유 요구
> • 의회 설립 운동 : 국정 개혁 운동 전개(______[11]의 진보 내각 수립), ______[12] 개최(헌의 6조 결의), 의회식 중추원 관제 반포(______[13] 지향)

1896. 11. • ______[14] 건립 (→ 1897년 11월 완공)

1897. 2. • 고종, ______[15] 환궁

1897. 8. • 고종, '______[16]' 연호 제정

1897. 10. • **대한 제국 선포**
(고종이 ______[17]에서 황제 즉위식 거행)

> [대한 제국 정부의 광무개혁]
> • 성격 : ______[18]의 원칙에 따라 점진적 개혁 추진, 전제 황권 강화, '대한국 국제' 반포 → 대한 제국이 자주독립 국가임을 공포
> • 국방 : ______[19] 설치, 황제 호위 군대 증강, 장교 육성
> • 재정 : 근대적 토지 소유권을 인정하는 ______[20] 발급❸
> • 상공업 : 근대적 회사와 공장 설립(섬유, 운수, 금융 등), 근대 시설 확충, 유학생 파견, ______[21] 설립

1898. 3. • 독립 협회, 만민 공동회 개최

1898. 9. • ______[22] 창간
(국한문 혼용, 유림층 대상)
• 찬양회, 황성신문에 여권 통문❹ 기고

1898. 10. • 독립 협회, 관민 공동회 개최
→ ______[23]❺ 채택

1898. 11. • 독립 협회, 고종이 ______[24] 관제❻ 반포

1898. 12. • ______[25] 해산

> [독립 협회 해산 과정]
> 중추원 관제 반포에 대한 보수 세력의 반발(익명서 사건) → 고종의 독립 협회 해산 명령 → 만민 공동회의 철회 시위 → 보수 세력이 황국 협회(보부상 중심) 동원 → 고종이 두 단체를 모두 해산시킴(군대 동원)

사료까지 한 번에 총정리!

❶ 을미개혁

• 친위대와 진위대

제1조 국내의 육군을 **친위(親衛)와 진위(鎭衛) 2종으로** 나눈다.

제2조 친위는 경성(京城)에 주둔하여 왕성 수비를 전적으로 맡는다.

제3조 진위는 부(府) 혹은 군(郡)의 중요한 지방에 주둔하여 지방 진무(地方鎭撫)와 변경 수비를 전적으로 맡는다.

• 단발령 시행

머리를 깎으라는 명령이 내려지니 곡성이 하늘을 진동하고 사람들은 분노하여 목숨을 끊으려 하였다. 형세가 바야흐로 격변하여 일본인들은 군대를 엄히 하여 대기시켰다. 경무사 허진은 순검들을 인솔하고 칼을 들고 길을 막으며 만나는 사람마다 머리를 깎았다. – 황현, 『매천야록』

❷ 을미의병

• 오늘 병사를 일으키려는 것은 자위하려는 것이 아니고 **국모(國母)의 원수를 갚으려는 것**이다. 대개 어머니의 원수를 갚기 위해 아버지의 군사를 부리는 것은 떳떳한 이치이며, 대의(大義)이다. – 민용호, 『관동창의록』

• 우리 국모의 원수를 생각하며 이미 이를 갈았는데, 참혹한 일이 더하여 **우리 부모에게서 받은 머리털을 풀 베듯이 베어 버리니 이 무슨 변고란 말인가.** …… 이에 감히 의병을 일으켜 마침내 이 뜻을 세상에 포고하노니, 위로는 공경에서 아래로는 서민까지 어느 누가 애통하고 절박하지 않으리. – 유인석, 『의암집』

❸ 지계 발급

지계 업무를 소관 지방으로 가서 실시하되 **전답·산림·천택·가옥을 모두 조사, 측량**하여 결부와 사표의 분명함과 칸 수 및 척량의 적확함과 시주 및 구권의 증거를 반드시 확인한 후 발급하되, 혹여 해당 전답·산림·천택·가옥으로 인하여 소송이 발생하거나 시주 및 구권이 근거가 없는 경우에는 현재의 소유지를 본 군 공적에 기재한 후에야 관계를 발급할 것 – 「지계감리응행사목」

❹ ______[26] 의 여권 통문 발표

첫째, **여성은 장애인이 아닌, 남성과 평등한 권리를 갖는 온전한 인간이어야 한다.** 여성은 먼저 의식의 장애로부터 해방되어야 한다.

둘째, 여성도 남성이 벌어다 주는 것에만 의지하여 사는 경제적으로 무능력한 장애에서 벗어나 경제적 능력을 가져야만 평등한 인간 권리를 누릴 수 있다.

셋째, 여성 의식을 깨우치고 사회 진출 능력을 갖기 위해서는 무엇보다 **여성들이 남성과 동등한 교육을 받아야 한다.**

❺ 헌의 6조

1. **외국인에게 의지하지 말고, 관민이 힘을 합하여 전제 황권을 견고하게 할 것**
2. **외국과의 이권에 관한 조약은 각 대신과 중추원 의장이 합동 날인하여 시행할 것**
3. **국가 재정은 탁지부에서 전관하고, 예산과 결산을 국민에게 공포할 것**
4. 중대 범죄를 공판하되, 피고의 인권을 존중할 것
5. 칙임관을 임명할 때에는 정부의 자문을 받아 다수의 의견에 따를 것
6. 정해진 규정을 실천할 것 – 『고종실록』

❻ 의회식 중추원 관제

제1조 중추원은 의정부의 자문에 응하고 다음의 사항을 심사, 의정한다.

(1) 법률, 칙령안

(2) 의정부가 결의하여 상주하는 일체 사항

(3) 중추원의 임시 건의 사항

(4) 인민의 건의를 채용하는 사항

제2조 중추원은 다음의 직원으로 구성된다. 의장 1인, 부의장 1인, **의관 50명으로 선임**하고, **그 반수는 독립 협회의 회원 투표로 선거**하며, **나머지 반수는 국왕이 임명**한다. – 독립신문

정답 1 건양 2 친위대 3 단발령 4 고종 5 태양력 6 아관 파천 7 서재필 8 독립 협회 9 독립신문 10 절영도 11 박정양 12 관민 공동회 13 입헌 군주제 14 독립문 15 경운궁 16 광무 17 환구단 18 구본신참 19 원수부 20 지계 21 상공 학교 22 황성신문 23 헌의 6조 24 중추원 25 독립 협회 26 찬양회

01 근대 ⑥

1890

1899.8. • 대한국 국제 반포

1899.9. • ________[1] 개통
(________[2]이 착공 → 일본이 완성)

1900

1900.1. • 대한 제국, 만국 우편 연합 가입

1900.10. • ________[3], 대한 사민 논설 발표
• **대한 제국 칙령 제41호 반포**
(울릉도를 군으로 승격, 울릉 군수가 ________[4]를 관할함을 명시)

1902.1. • 제1차 영·일 동맹
(____[5]·한국에 대한 이권 상호 인정)

1902.6. • 간도 시찰사 ________[6] 파견

1903.5. • 용암포 사건(러·일 전쟁의 계기)

1903.7. • 이범윤을 ________[7]❶로 임명

1904.1. • ________[8]의 국외 중립 선언

1904.2. • 러·일 전쟁 발발

> [러·일 전쟁 과정]
> 일본이 러시아 관할 지역인 만주 여순 기습(2. 8.) → 일본이 인천 제물포에서 러시아 군함 격침(2. 9.) → 일본이 러시아에 선전 포고(2. 10.)

• ________[9]❷
(일본이 한반도의 군사 기지 사용권 획득)

1904.7. • 농광 회사 설립
• ________[10] 조직
(일본의 황무지 개간권 요구 저지)
• ________[11] 창간
(________[12]·베델 설립, 신민회의 기관지 역할, 국채 보상 운동 지원)

1904.8. • 제1차 한·일 협약❸ → ________[13] 정치
(재정 고문 : ________[14],
외교 고문 : ________[15])

1904.12. • 경부선 완공(1905년 1월 1일 개통)

1905.2. • 시마네 현 고시 제40호
(일본이 독도 불법 편입)

1905.5. • ________[16] 조직
(일진회 비판, 입헌 군주제 주장)

1905.6. • ________[17]❹ 사업
(재정 고문 메가타 주도, 일본 제일은행권의 본위 화폐화 → 국내 중소 상인 타격)

1905.7. • 가쓰라·태프트 밀약❺
(________[18]의 필리핀 지배, 일본의 한반도 지배 상호 인정)

1905.8. • 제2차 영·일 동맹
(영국의 ________[19] 지배, 일본의 한반도 지배 상호 인정)

1905.9. • 러·일 전쟁 종전(일본 승리)
→ ________[20] 조약
(러시아가 일본의 한반도 지배 인정)

사료까지 한 번에 총정리!

❶ 간도 관리사 임명

고종 40년(1903년) 8월 11일, 내부대신 임시 대리 의정부 참정 김규홍이 제의하였다. "**북간도는 우리나라와 청나라의 경계 지대인데 지금까지 수백 년 동안 비어 있었습니다.** 수십 년 전부터 북쪽 변경의 고을 백성들이 이주하여 농사를 지어먹고 살고 있는 사람이 이제 수만 호에 십여만 명이나 됩니다. 그런데 청국인들에게 매우 심한 침해를 받고 있습니다. …… 전에 분수령(分水嶺) 정계비(定界碑) 아래 토문강(土門江) 이남의 구역은 물론 우리나라 경계로 확정되었으니 결수(結數)에 따라 세(稅)를 정해야 할 것인데, 수백 년 동안 비어 두었던 땅에 갑자기 온당하게 작정하는 것은 매우 크게 벌이려는 것 같습니다. 그러니 우선 보호할 관리를 특별히 두고 또한 해당 간도 백성들의 청원대로 시찰관(視察官) **이범윤(李範允)**을 그대로 관리로 특별히 차임하여 해당 **간도(間島)에 주재시켜 전적으로 사무를 관장**하게 함으로써 그들의 생명과 재산을 보호하게 하여 조정에서 간도 백성들을 보살펴 주는 뜻을 보여 주는 것이 어떻겠습니까?"하니, 윤허하였다.

– 『고종실록』

❷ 한·일 의정서

제1조 한·일 양 제국은 영구불변의 친교를 유지하고 동양 평화를 확립하기 위하여 대한 제국 정부는 대일본 제국 정부를 확고히 믿고 시정 개선에 관한 충고를 받아들일 것

제3조 대일본 제국 정부는 대한 제국의 독립과 영토 보전을 확실히 보증할 것

제4조 제3국의 침해 또는 내란으로 대한 제국 황실의 안녕과 영토의 보전에 위험이 있을 경우 대일본 제국 정부는 곧 필요한 조치를 취할 것이며, 대한 제국 정부는 대일본 제국이 용이하게 행동할 수 있도록 충분히 편의를 제공할 것. **대일본 제국 정부는** 전 항의 목적을 달성하기 위하여 **전략상 필요한 지점을 수시로 사용**할 수 있을 것

– 『고종실록』

❸ 제1차 [21]

제1조 대한 제국 정부는 대일본 제국 정부가 추천하는 **일본인 1명을 재정 고문**에 초빙하여, 재무에 관한 사항은 일체 그의 의견을 들어 시행할 것

제2조 대한 제국 정부는 대일본 제국 정부가 추천하는 **외국인 1명을 외교 고문**으로 외부에서 초빙하여, 외교에 관한 중요한 업무는 일체 그의 의견을 들어 시행할 것

❹ 화폐 정리 사업

상태가 매우 양호한 갑종 백동화는 개당 2전 5리의 가격으로 새 돈과 교환하여 주고, **상태가 좋지 않은 을종 백동화는 개당 1전**의 가격으로 정부에서 매수하며, 팔기를 원치 않는 자에 대해서는 정부가 절단하여 돌려준다. 단, 형질이 조악하여 **화폐로 인정키 어려운 병종 백동화는 매수하지 않는다.**

– 탁지부령 제1호, 1905년 6월

❺ 일본의 한국 지배에 대한 열강의 묵인

- [22] 밀약

첫째, 필리핀은 미국과 같은 친일적인 나라가 통치하는 것이 일본에게 유리하며, 일본은 필리핀에 대해 어떤 침략적 의도도 갖지 않는다.

둘째, 극동의 전반적 평화를 유지하는 데는 일본, 미국, 영국 등 3국 정부의 상호 양해를 달성하는 것이 최선의 길이며 사실상 유일한 수단이다.

셋째, 미국은 일본이 대한 제국의 보호권을 확립하는 것이 러·일 전쟁의 논리적 귀결이며 극동 평화에 이바지하는 것으로 인정한다.

- 제2차 [23]

제3조 일본은 한국에 있어서 정치, 군사 및 경제적으로 탁월한 이익을 가지므로 영국은 일본이 그 이익을 옹호·증진하기 위하여 정당하고 필요하다고 인정하는 지도, 감리 및 보호 조치를 한국에 있어서 취할 권리를 승인한다.

- [24] 조약

제2조 러시아 제국 정부는 일본 제국이 대한 제국에서 정치상, 군사상 및 경제상의 탁월한 이익을 갖는다는 것을 인정하고 일본 제국 정부가 대한 제국에서 필요하다고 인정되는 지도, 보호 및 감리의 조처를 하는 데 이를 저지하거나 간섭하지 않을 것을 약속한다.

정답 1 경인선 2 미국 3 활빈당 4 독도 5 청 6 이범윤 7 간도 관리사 8 고종 9 한·일 의정서 10 보안회 11 대한매일신보 12 양기탁 13 고문 14 메가타 15 스티븐스 16 헌정 연구회 17 화폐 정리 18 미국 19 인도 20 포츠머스 21 한·일 협약 22 가쓰라·태프트 23 영·일 동맹 24 포츠머스

01 근대 ⑦

1900

1905.11. — **제2차 한·일 협약(을사늑약❶)**

→ ______[1] 정치, ______[2] 박탈

↔ 을사의병

[을사늑약에 대한 저항]
- 언론 : 황성신문에 ______[3]의 '시일야방성대곡'❷, 대한매일신보에 고종의 을사늑약 무효 선언 친서 게재
- 이상설·조병세의 조약 파기 상소, ______[4]❸·홍만식·조병세 등 자결
- 헐버트 특사, 헤이그 특사 파견

[______[5] 의병]
- 배경 : 을사늑약
- ______[6] 출신 의병장 등장(신돌석)+유생 의병장(______[7], 민종식) 중심

1906.2. — 통감부 설치

1906.3. — 경의선 완공

1906.4. — ______[8]❹ 조직
(고종 강제 퇴위 반대 운동 전개)

1906.6. — 만세보 창간
(국한문 혼용, ______[9] 기관지)

1906.7. — ______[10], 만세보에 「혈의 누」 연재 시작

1907.2. — **국채 보상 운동**
(______[11]에서 서상돈 등의 주도로 시작, 금주·금연+모금 운동 전개 → 일진회와 ______[12]의 방해로 실패)

1907.4. — **신민회❺ 설립**

[신민회]
- 조직 : 비밀 결사, ______[13]·양기탁 등 주도
- 활동 : 국권 회복과 ______[14]의 국민 국가 건설을 목표로 함, 민중 계몽 활동 전개, 국외 독립군 기지 건설 추진(만주 삼원보, 신흥 강습소 설립)
- 해체 : ______[15]으로 조직 와해(1911)

1907.6. — 고종, ______[16] 파견
(헤이그에서 열린 만국 평화 회의에 이상설, 이준, ______[17]을 파견)

1907.7. — 국문 연구소 설치(주시경)
- **고종 강제 퇴위**(7. 20.)
- 일제가 신문지법, 보안법 제정
- **한·일 신협약❻(정미 7조약)**
  → ______[18] 정치, 통감의 권한 확대,
  부속 조약으로 **군대 해산 조치 발표**(7. 31.)
  → 군대 해산 ↔ 정미의병

[정미의병]
- 배경 : ______[19] 강제 퇴위, 정미 7조약, ______[20] 해산
- 주도 세력 : 군대 해산 후 해산 군인 가담(→ 군사력 강화), ______[21] 의병장 증가(→ 참여 계층 다양화)

1907.11. — 대한 협회 조직

1907.12. — 전국 의병 연합인 ______[22] 조직
(총대장 이인영, 군사장 허위)
→ 각국 영사관에 교전 단체로 승인해 줄 것 요청

1908.1. — 서울 진공 작전

사료까지 한 번에 총정리!

❶ 을사늑약

제1조 일본국 정부는 동경의 외무성을 경유하여 지금부터 한국의 외국에 대한 관계 및 사무를 감리, 지휘하고, 일본국의 외교 대표자 및 영사는 외국에 거주하는 한국의 신민 및 이익을 보호한다.

제2조 일본국 정부는 한국과 타국 간에 현존하는 조약의 실행을 완수하는 임무를 담당하고 **한국 정부는 지금부터 일본국 정부의 중개를 거치지 않고서는 국제적 성질을 가진 어떠한 조약이나 약속을 하지 않을 것을 기약한다.**

제3조 일본국 정부는 그 대표자로서 한국 황제 폐하의 궐하에 **1명의 통감을 두게 하며, 통감은 오로지 외교에 관한 사항을 관리**하기 위하여 경성에 주재하고 직접 한국 황제 폐하를 알현할 수 있는 권리를 가진다.

제4조 일본국과 한국 사이에 현존하는 조약 및 약속은 본 협약에 저촉하지 않는 한 모두 효력이 계속된다.

제5조 일본국 정부는 한국 황실의 안녕과 존엄을 유지할 것을 보증한다. — 『고종실록』

❷ 장지연의 '________[23]'

오호라! 저 개, 돼지만도 못한 소위 우리 정부 대신이란 자들이 영달과 이득을 바라고 거짓된 위협에 겁을 먹고서 머뭇거리고 벌벌 떨면서 달갑게 나라를 파는 도적이 되어, 4천 년 강토와 5백 년 종사(宗社)를 남에게 바치고 2천만 목숨을 몰아 다른 사람의 노예로 만들었으니, …… **아! 원통하고 분하도다. 우리 남의 노예가 된 2천만 동포여! 살았느냐? 죽었느냐?** 단군 기자 이래 4천 년 국민정신이 하룻밤 사이에 별안간 망하고 끝났도다! 아! 원통하고 원통하도다! 동포여, 동포여!

— 황성신문

❸ 민영환의 유서

나 영환은 죽음으로써 황제의 은혜를 갚고 2천만 동포에게 사과하노라. 영환은 죽어도 황천에서 동포들을 돕고자 하니, 우리 동포 형제들이여, 천만 배 기운을 떨쳐 힘써 뜻을 굳게 가지고 학문에 힘쓰며 마음을 합하고 협력하여 우리의 자주독립을 회복한다면, 나는 지하에서 기꺼이 웃으련다. 아! 슬프다. 조금도 실망하지 말지어다. 우리 대한 동포에게 마지막으로 고별하노라. — 대한매일신보

❹ 대한 자강회 취지문

무릇 **우리나라의 독립은 오직 자강(自强)의 여하에 있을 따름이다.** 우리가 자강지술을 강구하지 않아 인민이 스스로 우매함에 묶여 있고, 국력이 쇠퇴하여 마침내 금일의 곤란함에 다달아 결국 외인의 보호(을사늑약)를 당하게 되었으니 이는 자강의 도에 뜻을 두지 않았기 때문이다. 아직도 구습을 버리지 않고 지키며 자강의 방도를 강구하는 데 힘쓰지 않으면 끝내는 멸망함에 이르게 될 뿐이니 어찌 오늘에 그치겠는가 …… 지금 우리 대한은 삼천리 강토와 이천만 동포가 있으니, 힘써 자강하여 단체가 합하면 앞으로 부강한 전도를 바랄 수 있고 국권을 능히 회복할 수 있을 것이다. 자강의 방법으로는 교육을 진작하고 산업을 일으켜 융하게 하면 되는 것이다. 무릇 교육이 일지 못하면 민지(民智)가 열리지 못하고, 산업이 늘지 못하면 국가가 부강할 수 없다. 그런즉, 민지를 개발하고 국력을 기르는 길은 무엇보다도 교육과 산업을 발달시키는 데 있지 않겠는가? **교육과 산업의 발달이 곧 자강의 방도**임을 알 수 있는 것이다. — 대한 자강회 월보 제1호

❺ ________[24] 결성 취지문

신민회는 무엇을 위하여 일어났는가? **백성의 풍습이 무지하고 부패하니 새로운 사상이 급하고 백성이 우매하니 신교육이 시급하도다.** …… 도덕의 타락으로 신윤리가 시급하고 문화의 쇠퇴로 신학술이 시급하며, 실업이 취약함으로 신모범이 시급하고 정치의 부패로 신개혁이 시급함이라. …… 이것이 신민회가 발원하는 바이고, 신민회가 품은 뜻이며, 간단히 말해 오직 새로운 정신을 환기시키고 **새로운 단체를 조직하여 신국가를 건설하는** 것뿐이다. — 주한 일본 공사관 기록, 1909

❻ 한·일 신협약

제1조 한국 정부는 시정 개선에 관하여 통감의 지도를 받을 것

제2조 한국 정부의 법령 제정 및 중요한 행정상의 처분은 미리 통감의 승인을 거칠 것

제4조 한국 고등 관리의 임면은 통감의 동의로써 이를 행할 것

제5조 **한국 정부는 통감이 추천하는 일본인을 한국 관리에 고용할 것**

제6조 **한국 정부는 통감의 동의 없이 외국인을 한국 관리로 임명하지 말 것**

정답 1 통감 2 외교권 3 장지연 4 민영환 5 을사 6 평민 7 최익현 8 대한 자강회 9 천도교 10 이인직 11 대구 12 통감부 13 안창호 14 공화정체 15 105인 사건 16 헤이그 특사 17 이위종 18 차관 19 고종 20 군대 21 평민 22 13도 창의군 23 시일야방성대곡 24 신민회

01 근대 ⑧

1900

- 1908.3. • 미국 샌프란시스코에서 장인환·전명운이 외교 고문 ______[1] 사살
- 1908.12. • 일본이 ______[2] 회사 설립
  (조선의 토지·자원 수탈 기구)
- 1909.1. • ______[3] 창시
  (나철·오기호가 단군 신앙을 기반으로 창시)
- 1909.7. • 기유각서
  (______[4]·감옥 사무 처리권 박탈)
- 1909.9. • ______[5] 협약❶
  (일본이 간도를 청의 영토로 인정)
  • 일본의 '______[6]' 작전❷으로 의병 활동 위축
- 1909.10. • 중국 하얼빈에서 ______[7]이 이토 히로부미 사살

1910

- 1910.6. • 경찰권 박탈(헌병 경찰 파견)
- 1910.8. • 한·일 병합 조약(8. 29.) → 국권 피탈

사료까지 한 번에 총정리!

❶ 간도 협약

제1조 **일청 두 나라 정부는 도문강을 청국과 한국의 국경으로 하고 강 원천지에 있는 정계비를 기점으로 하여 석을수를 두 나라의 경계로 한다.**

제3조 청국 정부는 이전과 같이 도문강 이북의 개간지에 한국 국민이 거주하는 것을 승인한다. 그 지역의 경계는 별도로 표시한다.

제4조 청국 관청은 한국 국민을 청국 국민과 똑같이 대우하여야 하며 납세 그 밖의 일체 행정상의 처분도 청국 국민들과 똑같이 하여야 한다.

제5조 도문강 이북의 잡거 구역 안에 있는 한국 국민 소유의 토지와 가옥은 청국 정부로부터 청국 국민들의 재산과 똑같이 완전히 보호하여야 한다.

제6조 청국 정부는 앞으로 **길장 철도를 연길 이남으로 연장하여 한국의 회령에서 한국의 철도와 연결**할 수 있다.

-『순종실록』

❷ 일본의 '남한 대토벌' 작전

일본군은 길을 나누어 **호남 지방의 의병들을 수색**하였다. 위로는 금산, 진산, 김제, 만경으로부터 동쪽으로는 진주와 하동, 남쪽으로는 목포로부터 사방을 그물 치듯 포위하여 마을을 수색하고 집집마다 뒤져서 조금이라도 **의심이 나면 모두 죽였다**. 이 때문에 행인이 끊어지고 이웃의 왕래도 끊겼다. **의병들은 삼삼오오 도망하여 흩어졌으나 숨을 곳이 없었다.** 군센 자는 나와 싸우다 죽었고, 약한 자는 도망가다가 칼을 맞았다.

- 황현,『매천야록』

정답 1 스티븐스 2 동양 척식 주식 3 대종교 4 사법권 5 간도 6 남한 대토벌 7 안중근

02 일제 강점기 ①

1910

1910. 8. — **한·일 병합 조약**❶(8. 29.)
→ 국권 피탈, ________[1] 설치
→ 일제의 식민 통치 시작(경술국치)

> [1910년대 일제의 무단 통치(1910~1919)]
> - ________[2] 경찰제
> - 기본권 박탈 : 언론, 출판, 집회, 결사의 자유 박탈(신문지법, 보안법, 출판법)
> - 공포감 조성 : ________[3]의 제복 착용 및 착검
> - 조선 총독부 설치, 자문 기구로 ________[4] 설치

1910. 12. — ________[5]❷ **공포**
(회사 설립 허가제)

1911. 3. — **북간도에 ________[6] 조직**
(서일, 대종교 중심)

> [북간도의 독립운동]❸
> - 서전서숙(1906), 명동 학교(1908)
> - 간민 자치회 → ________[7] → 대한 국민회
> - 중광단 → 정의단 → 군정회 → ________[8](으)로 개편

1911. 5. — **연해주에 ________[9] 조직**

> [연해주의 독립운동]
> - 블라디보스토크의 신한촌 형성
> - 13도 의군(1910) : 홍범도·유인석 등 구한말 의병장 중심, 아령 파천 건의
> - 성명회(1910) : 한·일 병합 무효 선언 작성
> - 권업회(1911) : 의병+계몽 운동 계열 합작, 권업신문 발행

1911. 6. — ________[10]**에 신흥 강습소 창설**
- **어업령, 산림령 공포**

> [서간도의 독립운동]
> - 삼원보 중심
> - 경학사(1911) → 부민단(1912) → 한족회(1919) → ________[11](으)로 개편
> - 신흥 강습소(1911) → 신흥 중학교(1913) → 신흥 무관 학교(1919)

1911. 8. — **제1차 조선 교육령**❹
(낮은 수준의 보통·실업 교육)

1912. 3. — **조선 태형령**❺ **공포**
(________[12]에게만 적용)
- **경찰범 처벌 규칙 공포**

1912. 8. — ________[13]❻ **공포**
→ **토지 조사 사업 실시**

> [토지 조사 사업(1912~1918)]
> - 기한부 신고제, 미신고지는 총독부가 몰수
> - 농민의 입회권·도지권·관습적 ________[14] 부정 → 농민 몰락, 일본인 지주 증가

1912. 9. — ________[15] **조직**
(임병찬이 고종의 밀명으로 조직, ________[16] 표방)

1913 — ________[17]**가 샌프란시스코에서 흥사단 조직**

1914 — ________[18] **정부 조직**
(권업회가 신한촌에서 이상설과 이동휘를 정·부통령으로 하여 수립)

1914. 6. — **박용만이 하와이에서 ________[19] 조직**
(군사 훈련 실시 및 독립군 양성)

사료까지 한 번에 총정리!

❶ 한·일 병합 조약

제1조 **한국 황제 폐하는 한국 전부에 관한 모든 통치권을 완전 또는 영구히 일본 황제 폐하에게 양여한다.**

제2조 일본국 황제 폐하는 앞 조에 기재한 양여를 수락하고 **완전히 한국을 일본 제국에 병합함을 승낙한다.**

제5조 일본국 황제 폐하는 훈공이 있는 한국인으로서 특히 표창에 적당하다고 인정된 자에게 영작(榮爵)을 수여하고 은급을 부여한다.

제8조 본 조약은 일본국 황제 폐하 및 한국 황제 폐하의 재가를 받은 것으로서 반포일로부터 이를 시행한다.

-『순종실록』

❷ 회사령

제1조 **회사의 설립은 조선 총독의 허가를 받아야 한다.**

제2조 조선 외에 있어서 설립한 회사가 조선에 본점 또는 지점을 설치하고자 할 때에도 **조선 총독의 허가를 받아야 한다.**

제5조 회사가 본령 혹은 본령에 의거하여 발표되는 명령이나 허가의 조건에 위반하거나 또는 공공의 질서, 선량한 풍속에 반하는 행위를 하였을 때에는 조선 총독은 사업의 정지·금지, 지점의 폐쇄 또는 회사의 해산을 명할 수 있다.

❸ 간도와 연해주의 독립운동 기지

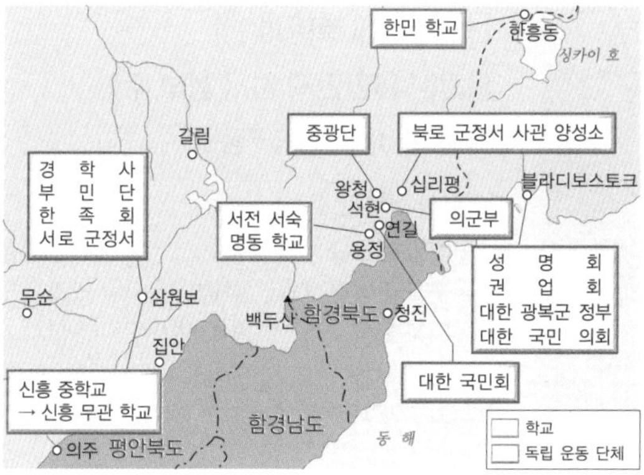

❹ 제1차 조선 교육령

제2조 교육은 '교육에 관한 칙어'에 입각하여 충량한 국민을 양성하는 것을 본의로 한다.

제3조 교육은 시세와 민도(民度)에 적합하도록 한다.

제5조 보통 교육은 보통의 지식, 기능을 부여하고 특히 국민된 성격을 함양하며, 국어(일본어)를 보급함을 목적으로 한다.

제28조 공립 또는 사립의 보통학교, 고등 보통학교, 여자 고등 보통학교, 실업 학교 및 전문학교의 설치 또는 폐지는 조선 총독의 허가를 받아야 한다.

-『조선 총독부 관보』

❺ [20]

제1조 3개월 이하의 징역 또는 구류에 처하여야 할 자는 그 정상에 따라 **태형에 처할 수 있다.**

제2조 100원 이하의 벌금 또는 과료에 처할 자 중 다음 각 호에 해당하는 경우에 상황에 따라 태형에 처할 수 있다.

1. 조선 내에 일정한 주소가 없는 경우
2. 무자산이라고 인정된 경우

제6조 태형은 태로서 볼기를 치는 방법으로 집행한다.

제11조 태형은 감옥 또는 즉결 관서에서 비밀리에 집행한다.

제13조 본령은 **조선인에 한하여 적용**한다.

❻ 토지 조사령

제1조 토지의 조사 및 측량은 본령에 의한다.

제4조 **토지 소유자는 조선 총독이 정하는 기간 안에 주소, 씨명, 명칭 및 소유지의 소재, 지목, 자번호(字番號), 사표(四標), 등급, 결수를 임시 토지 조사 국장에게 신고해야 한다.** 단, 국유지는 보관 관청이 임시 토지 조사 국장에게 통보해야 한다.

제5조 토지 소유자나 임차인, 기타 관리인은 조선 총독이 정하는 기간 안에 토지의 사방 경계에 표식을 세우고, 지목 및 자번호 및 민유지에서는 소유자의 씨명, 명칭을, 국유지는 보관 관청명을 써야 한다.

정답 1 조선 총독부 2 헌병 3 교원 4 중추원 5 회사령 6 중광단 7 간민회 8 북로 군정서(군) 9 권업회 10 서간도 11 서로 군정서(군) 12 조선인 13 토지 조사령 14 경작권 15 독립 의군부 16 복벽주의 17 안창호 18 대한 광복군 19 대조선 국민 군단 20 조선 태형령

02 일제 강점기 ②

1910

1914. 9. — **백산 상회 설립**
(안희제가 ________[1]에서 독립운동 자금 조달을 목적으로 설립)

1915. 7. — ________[2]❶ **조직**
(박상진·김좌진 중심, 공화정 수립 추구)

1915. 12. — **광업령 공포**

1916 — **박중빈, ________[3] 창시**

1917. 1. — ________[4]**가 '무정'을 매일신보에 연재**

1917. 7. — **대동 단결 선언❷**
(상하이에서 신규식·박은식 등이 제창, 국민 주권과 공화주의 표방)

1918. 5. — **임야 조사령 공포**
(대부분의 임야를 국유지로 강제 편입)

1918. 6. — **조선식산은행령 공포**

1918. 8. — **상하이에서 신한청년당 조직**

[신한청년당]
- 여운형 중심
- 『신한청년보』 발간
- 파리 강화 회의에 ________[5]을 대표로 파견 → 독립 청원서 제출

1919. 2. — ________[6]❸ **선언**
(도쿄의 한인 유학생 중심)

1919. 3. — **3·1 운동**

[3·1 운동]

원인	미국 대통령 윌슨의 ________[7], 2·8 독립 선언, 고종 독살설 유포, 무단 통치에 대한 반발
전개	• 종로 태화관에서 민족 대표 33인의 독립 선언서(________[8] 선언)❹ 낭독 → 탑골 공원에서 만세 운동 전개 • 도시에서 지방으로 확산, ________[9] 만세 시위에서 폭력 투쟁으로 변화, 해외까지 확산 • 일제의 탄압 → 화성 제암리 학살 사건, ________[10] 열사 순국
결과	• 일제의 통치 방식 변화(무단 통치 → 문화 통치) • ________[11] 수립 계기, 만주 무장 투쟁↑ • 인도의 비폭력·불복종 운동과 중국의 5·4 운동에 영향

• **대한 독립 선언❺ 발표**
(________[12]이 작성, 대종교 계열 주도, 무장 독립 전쟁 주장)

1919. 4. — **상하이에 임시 의정원 수립**

1919. 9. — **노인 동맹단 ________[13]가 조선 총독 사이토에게 투탄(9. 2.)**

• **통합된 대한민국 임시 정부 수립**
(대통령 이승만, 국무총리 ________[14])

[임시 정부의 활동]
- **비밀 행정 조직망 운영** : ________[15]·교통국
- **군자금 마련** : 애국 공채 발행, 국민 의연금 모금
- **외교 활동** : 파리 위원부·구미 위원부 설치
- **문화 활동** : ________[16] 설치(『한·일 관계 사료집』 간행)

사료까지 한 번에 총정리!

❶ 대한 광복회 실천 강령

1. **부호의 의연금 및 일인이 불법 징수하는 세금을 압수하여 무장을 준비한다.**
2. **남북 만주에 군관 학교를 세워 독립 전사를 양성한다.**
3. 종래의 의병 및 해산 군인과 만주 이주민을 소집하여 훈련한다.
4. 중국·러시아 등 여러 나라에 의뢰하여 무기를 구입한다.
5. 한만 요지와 북경 상하이 등에 지점 또는 여관·광무소 등을 두어 연락 기관으로 한다.
6. 일인 고관 및 한인 반역자를 수시 수처에서 처단하는 행형부를 둔다.
7. 무력이 완비되는 대로 일본인 섬멸전을 단행하여 최후 목적의 달성을 기한다.

❷ [17] 선언

융희 황제(순종)가 삼보(토지, 인민, 정치)를 포기한 경술년 8월 29일은 바로 우리 동지가 삼보를 계승한 8월 29일이니, 그동안 한순간도 숨을 멈춘 적이 없음이라. 우리 동지는 완전한 상속자니 **저 황제권이 소멸한 때가 즉 민권이 발생한 때요, 구한국 최후의 날은 즉 신한국 최초의 날이니,** 무슨 까닭인가. 우리 대한은 처음부터 한인의 한(韓)이요, 비한인의 한이 아니니라. 한인 사이의 주권을 주고받는 것은 역사상 불문법의 국헌이오, 비한인에게 주권을 양여하는 것은 근본적으로 무효요, 한국의 국민성이 절대 불허하는 바이라. 따라서 **경술년 융희 황제의 주권 포기는 곧 우리 국민 동지에 대한 묵시적 선위니** 우리 동지는 당연히 삼보를 계승하여 통치할 특권이 있고, 대통을 상속할 의무가 있도다.

❸ 2·8 독립 선언

1. 본 단체는 한·일 병합이 우리의 자유의사로 된 것이 아닐 뿐 아니라 우리의 생존과 발전을 위협하고 동양의 평화를 위협하는 원인이 되는 이유로 인하여 독립을 주장한다.
2. 본 단체는 일본 의회와 정부에 대하여 조선 민족 대회를 소집하여 그 결의로써 우리 민족의 운명을 결정할 기회를 부여할 것을 요구한다.
3. 본 단체는 파리 강화 회의의 민족 자결주의를 우리 민족에게도 적용할 것을 요청한다.

❹ 기미 독립 선언

오등은 이에 아(我) 조선의 독립국임과 조선인의 자유민임을 선언하노라. 이로써 세계 만방에 고하여 인류 평등의 대의를 극명하며, 이로써 자손만대에 고하여 민족자존의 정권을 영유하게 하노라. 반만년 역사의 권위를 장하여 이를 선언함이며, 2천만 민중의 충성을 합하여 이를 표명함이며, 민족의 항구 여일한 자유 발전을 위하여 이를 주장함이며, 인류적 양심으로 발로에 기인한 세계 개조의 대 기운에 순응 병진하기 위하여 이를 제기함이니 …… 오늘날 우리의 맡은바 임무는 다만 자기의 건설이 있을 뿐이요, 결코 타인의 파괴에 있지 아니하도다.

[공약 3장]

1. 금일 오인(吾人)의 차거는 정의, 인도, 생존, 번영을 위한 민족 전체의 요구이니, 오직 자유의 정신을 나타낼 것이며, 남을 배척하는 감정으로 그릇되게 달려 나가지 말라.
2. 마지막 한 사람까지, 마지막 한 순간까지 민족의 정당한 요구를 시원스럽게 발표하라.
3. 모든 행동은 가장 질서를 존중하여 오인의 주장과 태도로 하여금 어디까지든지 밝고 정당하게 하라.

❺ [18] 선언

우리 대한은 완전한 자주독립과 신성한 평등 복리로 우리 자손 여민(黎民, 백성)에 대대로 전하게 하기 위하여, 여기 이민족 전제의 학대와 억압을 해탈하고 대한 민주의 자립을 선포하노라. …… 정의는 무적의 칼이니 이로써 하늘에 거스르는 악마와 나라를 도적질하는 적을 한 손으로 무찌르라. 일제히 궐기하라 독립군! …… 어찌 일신을 아끼며, 집안 재산을 바쳐 나라를 되찾으면 3천 리 옥토는 자가의 소유이니 어찌 일가(一家)의 희생이 아까우랴. …… 국민의 본령을 자각한 독립임을 기억하고 동양의 평화를 보장하고 인류의 평등을 실시하기 위한 자립임을 명심하여, 황천(皇天)의 명령을 받들고 일체의 못된 굴레에서 해탈하는 건국임을 확신하여 **육탄 혈전으로 독립을 완성하라.**

정답 1 박상진 2 대한 광복회 3 공화정 4 여운형 5 김규식 6 2·8 독립 7 민족 자결주의 8 기미 독립 9 비폭력 10 유관순 11 대한민국 임시 정부 12 조소앙 13 안창호 14 이동휘 15 연통제 16 사료 편찬소 17 대동 단결 18 대한 독립

02 일제 강점기 ③

1910

1919.9. • **사이토 총독 부임 → 문화 통치 실시**

[1920년대 일제의 문화 통치❶(1919~1931, 친일파 양성 목적)]
- ______[1] 경찰제(경찰 수 3배 증가)
- 문관 출신 총독 임명 가능(실제로 임명 X)
- 민족 언론 허용(신문 검열, 기사 삭제)
- 교육 기회 확대(실업 교육에 치중)

1919.11. • **의열단 조직**

[의열단]❷
- **조직** : ______[2]·윤세주 중심, 일제의 주요 요인 사살 및 식민 기관 파괴를 목표로 삼음, ______[3]가 작성한 「조선혁명선언」(1923)을 활동 지침서로 삼음
- **단원** : 박재혁(______[4] 경찰서 투탄, 1920), 최수봉(밀양 경찰서 투탄, 1920), ______[5](조선 총독부 투탄, 1921 / 상하이 황포탄 의거, 1922), 김상옥(______[6] 경찰서 투탄, 1923), ______[7](도쿄 궁성 투탄, 1924), ______[8](동양 척식 주식회사·조선식산은행 투탄, 1926)

1920

1920.3. • **조선일보 창간**

1920.4. • **동아일보 창간**
- **회사령 철폐**(허가제 → ______[9])
  → 일본 자본의 조선 침탈 유도

1920.6. • **봉오동 전투**(홍범도의 ______[10], 독립군의 승리)
- **조선 교육회 설립**
  (이상재 중심, ______[11] 운동 주도)

1920.8. • **평양에서 조선 물산 장려회 조직**

[물산 장려 운동]❸
- **배경** : 회사령 철폐, 일본 상품에 대한 관세 철폐 움직임
- **전개** : 평양 물산 장려회 발족(1920, 평양에서 ______[12] 등의 민족 자본가 중심), 조선 물산 장려회 조직(1923, ______[13]에서 설립, 전국 각지에 지부 형성)
- **활동** : 국산품 애용("내 살림 내 것으로", "조선 사람 조선 것으로"), 근검절약, 생활 개선, 금주·단연 운동
- **한계** : 국산품 가격 폭등, ______[14] 계열의 비판

1920.10. • **청산리 대첩**
(김좌진의 북로 군정서군, 독립군의 승리)
→ 간도 참변(일제의 보복)
→ 일제의 추격을 피해 독립군 이동
- **홍삼 전매령 공포**

1920.12. • **일제가 ______[15]❹ 실시**
(일본의 식량 부족 문제 타개 목적
→ 쌀 증산량보다 수탈량이 더 많음)
- **밀산부에서 ______[16] 결성**(총재 : 서일) → **자유시로 이동**

1921.4. • **연초 전매령 공포**

1921.6. • **______[17] 참변**
(독립군의 분열 + 소련의 무장 해제 요구
→ 독립군 세력 와해)

1921.12. • **______[18] 창설**
(국문 연구소 계승)

1922.2. • **제2차 조선 교육령**❺
→ **한국인의 교육 기회 확대**
(실상은 실업 교육에 치중)

사료까지 한 번에 총정리!

❶ [19] 통치의 실시

조선 통치의 방침인 일시동인(一視同仁)의 대의를 존중하고 동양 평화를 확보하여 민중의 복리를 증진시키는 것은 대원칙으로 일찍이 정한 바이다. …… 정부는 관제를 개혁하여 **총독 임용의 범위를 확장**하고 **경찰 제도를 개정**하며, 또한 **일반 관리나 교원 등의 복제를 폐지**함으로써 시대의 흐름에 순응하고 …… 조선인의 임용과 대우 등에 관해서 더욱 고려하여 각각 그 할 바를 얻게 하고 …… 장래 기회를 보아 지방 자치 제도를 실시하여 국민 생활을 안정시키고 일반 복리를 증진시킬 것이다.

– 사이토 총독의 시정 방침 훈시, 1919. 9.

❷ 의열단 격문과 공약

[격문]

세계에 우리 조선 민족처럼 온갖 압박과 모든 고통에서 신음하는 자가 또 있을까? …… 우리는 빨리 해방되어 자유를 찾지 못하면 영구히 멸망의 함정에 빠지고 말 것이다. …… 우리는 자유를 찾지 못하면 영구히 멸망될 것을 알았다. 그러면 자유를 위하여 몸 바칠 뿐이다. **자유의 값은 오직 피와 눈물이다.** …… **완전한 독립과 자유가 올 때까지 싸우자! 싸우는 날에 자유는 온다.**

[공약]

1. 천하의 정의의 사(事)를 맹렬(猛烈)히 실행하기로 함.
2. 조선의 독립과 세계의 평등을 위하여 신명(身命)을 희생하기로 함.
3. 충의의 기백과 희생의 정신이 확고한 자라야 단원이 된다.

… (중략) …

9. 일(一)이 구(九)를 위하여 구가 일을 위하여 헌신함.
10. 단의를 배반한 자는 척살한다.

❸ 물산 장려 운동

내 살림 내 것으로!
보아라! 우리의 먹고 입고 쓰는 것이다.
다 우리의 손으로 만든 것이 아니었다.
입어라! 조선 사람이 짠 것을
먹어라! 조선 사람이 만든 것을
써라! 조선 사람이 지은 것을
조선 사람, 조선 것.

– 물산 장려 운동 궐기문

❹ 산미 증식 계획의 배경

일본에서 쌀 소비는 연간 약 6천 5백만 석인데, 일본 내 생산고는 약 5천 8백만 석을 넘지 못한다. 해마다 부족분을 다른 제국 반도 및 외국에 의지해야 한다. 일본 인구는 해마다 70만 명씩 늘어나고, 국민 생활이 향상되면 1인당 소비량도 점차 늘어나게 될 것이므로 앞으로 쌀은 계속 모자랄 것이다. 따라서 지금 미곡 증식 계획을 수립하여 일본 제국의 식량 문제를 해결하는 데 도움을 주는 것은 진실로 국책상 급무라고 믿는다.

– 조선 총독부 농림국, 조선 산미 증식 계획 요강

❺ 제2차 조선 교육령

제2조 국어(일본어)를 상용하는 자의 보통 교육은 소학교령, 중학교령 및 고등 여학교령에 의한다. 단, 이 칙령들 중 문부대신의 직무는 조선 총독이 행한다.

제3조 국어를 상용하지 않는 자에게 보통 교육을 하는 학교는 보통학교, 고등 보통학교 및 여자 고등 보통학교로 한다.

제5조 **보통학교의 수업 연한은 6년으로 한다.** 단, 지역의 정황에 따라 5년 또는 4년으로 할 수 있다. 보통학교에 입학하는 자는 연령 6년 이상의 자로 한다.

제7조 **고등 보통학교의 수업 연한은 5년으로 한다.** 고등 보통학교에 입학하는 자는 수업 연한 6년의 보통학교를 졸업한 자 또는 조선 총독이 정하는 바에 의하여 이와 동등 이상의 학력이 있다고 인정된 자로 한다.

정답 1 보통 2 김원봉 3 신채호 4 부산 5 김익상 6 종로 7 김지섭 8 나석주 9 신고제 10 대한 독립군 11 민립 대학 설립 12 조만식 13 서울 14 사회주의 15 산미 증식 계획 16 대한 독립 군단 17 자유시 18 조선어 연구회 19 문화

02 일제 강점기 ④

1920

1922.5. • 어린이날 제정
(천도교 소년회 중심, 회장 ______[1])

1923.1. • 임시 정부의 ______[2] 개최

[국민 대표 회의]
- 배경 : 독립운동 방향에 대한 갈등 심화 → 신채호 등 무장 세력이 회의 소집 요구
- 전개 : ______[3](신채호·박용만, 임시 정부 해체, 무력 항쟁 강조)와 개조파(______[4], 임시 정부 개혁, 실력 양성 + 외교 활동), 현상 유지파(______[5], 국민 대표 회의 불참)의 의견 대립
- 결과 : 의견 대립으로 회의 결렬, 창조파 이탈, 임시 정부 침체

• 신채호, 「조선혁명선언」❶ 작성
(의열단의 활동 지침서)

1923.4. • 경남 진주에서 이학찬이 조선 형평사❷ 창립
(______[6]에 대한 사회적 차별 철폐 요구)

1923.8. • ______[7] 결성
(압록강 유역, 임시 정부의 직할 부대)
• 암태도 소작 쟁의❸
(~1924. 8., 소작료 인하 요구 → 관철, 다른 지역 소작 쟁의에 영향)

1924.1. • ______[8], 「민족적 경륜」 발표
(자치론 주장)

1924.11. • 정의부 결성(남만주)

1925.3. • ______[9] 결성
(북만주, 소련에서 되돌아온 독립군 중심)

1925.4. • 일제가 치안 유지법❹ 제정
(사회주의자와 독립운동가를 탄압하려는 수단)

1925.6. • ______[10] 협정
(조선 총독부 경무국장 미쓰야와 만주 군벌 장쭤린의 만주 지역 독립군 탄압 협정)
• 일제가 ______[11] 조직
: 총독부 산하의 조선사 편찬 위원회(1922)를 개편하여 조직 → 『조선사』 편찬(1938)

1925.8. • ______[12](조선 프롤레타리아 예술가 동맹) 결성

1926.6. • 6·10 만세 운동❺
(______[13] 인산일 계기, 사회주의 계열과 조선 학생 과학 연구회 주도)

1926.10. • ______[14]의 영화 '아리랑' 상영

1926.11. • 조선어 연구회, ______[15] 제정
• 정우회 선언❻
(사회주의 계열의 정우회가 비타협적 민족주의 계열과의 연대 주장)

1927.2. • 신간회❼ 창립

[신간회]
- 구성 : ______[16] 민족주의 계열 + 사회주의 계열의 합법적 단체, 회장 ______[17]
- 강령 : 민족 대단결, 정치·경제적 각성 촉구, ______[18] 배격
- 활동 : 민중 계몽 운동, 노동·농민 운동과 연계, 광주 학생 항일 운동 지원
- 해소 : 일제의 탄압, 신 집행부의 우경화, ______[19]의 노선 변화(12월 테제 발표) → 해소(1931)

사료까지 한 번에 총정리!

❶ 신채호의 [20]

강도 일본이 우리의 국호를 없이 하며, 우리의 정권을 빼앗으며, 우리의 생존적 필요 조건을 다 박탈하였다. …… 이상의 사실에 의거하여 우리는 일본 강도 정치, 곧 이족 통치가 우리 조선 민족 생존의 적임을 선언하는 동시에, 우리는 혁명 수단으로 우리 생존의 적인 강도 일본을 살벌함이 곧 우리의 정당한 수단임을 선언하노라. …… **민중은 우리 혁명의 대본영(大本營)이다. 폭력은 우리 혁명의 유일한 무기이다.** 우리는 민중 속으로 가서 민중과 손을 맞잡아 끊임없는 **폭력, 암살, 파괴, 폭동**으로써 강도 일제의 통치를 타도하고, 우리 생활에 불합리한 일체의 제도를 개조하여 인류로써 인류를 압박하지 못하며, 사회로써 사회를 박탈하지 못하는 이상적인 조선을 건설할지니라.

❷ [21] 취지문

공평은 사회의 근본이고 사랑은 인간의 본성이다. 고로 우리는 **계급을 타파하고 모욕적인 칭호를 폐지**하여 교육을 장려하고 우리도 참다운 인간으로 되고자 함이 본사(本社)의 주지이다. 지금까지 우리는 어떠한 지위와 압박을 받아왔던가? 과거를 회상하면 종일 통곡하고도 피눈물을 금할 수 없다. …… 우리도 조선 민족의 2천만의 분자로서 **갑오년 6월부터 칙령으로써 백정의 칭호가 없어지고 평민이 된 우리들이다.** 애정으로써 상호 부조하며 생명의 안정을 도모하고 공동의 존영을 기하려 한다.

❸ 암태도 소작 쟁의

지주 문재철과 소작 쟁의 중인 **전남 무안군 암태도** 소작인 남녀 500여 명은 …… 광주지방법원 목포 지청에 몰려들어 왔는데 …… 무엇보다도 두려운 죽음을 불구하고 다시 이 법정에 들어온 것은 사활 문제가 이때에 있다 하며, …… 이번 운동의 결과를 얻지 못할 경우면 아사 동맹을 결속하고 자기들의 집에서 떠날 때부터 지금까지 식사를 폐지하였다고 한다.

– 동아일보

❹ [22] 법

제1조 국체를 변혁하는 것을 목적으로 결사를 조직하는 자 또는 결사의 임원, 그 외 지도자로서 임무에 종사하는 자는 사형, 무기, 또는 5년 이상의 징역 또는 금고에 처한다. 사유 재산 제도를 부인하는 것을 목적으로 결사를 조직하는 자, 결사에 가입하는 자, 또는 결사의 목적 수행을 위한 행위를 돕는 자는 10년 이하의 징역 또는 금고에 처한다.

제7조 본 법은 누구를 막론하고 **본법 시행 구역 밖에서 죄를 범한 자에게도 통용한다.**

❺ [23] 운동 격문

조선 민중아! 우리의 철천지 원수는 자본·제국주의 일본이다. 2천만 동포야! 죽음을 각오하고 싸우자! 만세 만세 조선 독립 만세! 조선은 조선인의 조선이다. 횡포한 총독 정치를 구축하고 일제를 타도하자. **학교의 용어는 조선어로, 학교장은 조선 사람이어야 한다.** 일본인을 조선의 영역으로부터 구축하자.

❻ [24] 선언

민족주의적 세력에 대하여는 그 부르주아 민주주의적 성질을 명백하게 인식하는 동시에 또 과정적 동맹자적 성질도 충분히 승인하여, **그것이 타락하는 형태로 출현되지 아니하는 것에 한하여는 적극적으로 제휴**하여, 대중의 개량적 이익을 위하여서도 종래의 소극적 태도를 버리고 분연히 싸워야 할 것이다.

– 조선일보

❼ [25] 강령

1. 우리는 정치적·경제적 각성을 촉진한다.
2. 우리는 단결을 공고히 한다.
3. 우리는 기회주의를 일체 부인한다.

정답 1 방정환 2 국민 대표 회의 3 창조파 4 안창호 5 김구 6 백정 7 참의부 8 이광수 9 신민부 10 미쓰야 11 조선사 편수회 12 KAPF 13 순종 14 나운규 15 가갸날 16 비타협적 17 이상재 18 기회주의자 19 코민테른 20 「조선혁명선언」 21 조선 형평사 22 치안 유지 23 6·10 만세 24 정우회 25 신간회

02 일제 강점기 ⑤

1920

1927.5. — **근우회❶ 창립**
(______[1]의 자매 단체)

1927.9. — 조선 농민 총동맹·조선 노동 총동맹 조직

1927.10. — 조선 소년 연합회 결성

1928.5. — 조명하의 (대만) 타이중 의거

1928.12. — ______[2] **(북만주) 결성**
(지청천 중심, 한국 독립당으로 개편, ______[3] 편성)

1929.1. — ______[4] **노동자 총파업**

1929.4. — ______[5] **(남만주) 결성**
(______[6] 중심, 조선 혁명당 조직, 조선 혁명군 편성)

1929.7. — 문자 보급 운동❷ 시작
(______[7]의 주도)

1929.11. — **광주 학생 항일 운동❸**
(3·1 운동 이후 최대 규모의 민족 운동)

1930

1931.1. — 조선어 학회 창설
: 한글 강습회, 한글 맞춤법 통일안 발표(1933), ______[8] 편찬 시도

1931.5. — **신간회 해소**

1931.7. — 브나로드 운동❹ 시작
(______[9]의 주도)

1931.9. — ______[10] **발발**
→ 경제 대공황, 전쟁 등으로 1930년대 일제의 식민 통치 방식 변화(**민족 말살 통치**)

1931.10. — **한인 애국단 결성**

> [한인 애국단]
> • ______[11]가 임시 정부의 침체 극복과 독립운동 활성화를 위해 결성한 비밀 조직
> • 단원 : 이봉창, 윤봉길 등

1932.1. — ______[12] **의거❺**
(도쿄에서 일왕의 마차에 폭탄 투척 → 실패 → 상하이 사변 발발)

1932.4. — ______[13] **의거**
(상하이 전승 축하식이 열리는 ______[14] 공원에서 단상에 폭탄 투척 → 중국 국민당 정부의 임시 정부에 대한 지원 강화)
• **영릉가 전투**(______[15] 승리)

1932.9. — **쌍성보 전투**(______[16] 승리)

> [1930년대 초 무장 독립 전쟁(한·중 연합 작전)]❻
> • 남만주 : ______[17](양세봉) + 중국 ______[18]이 연합, 영릉가 전투(1932), ______[19] 전투(1933) 승리
> • 북만주 : 한국 독립군(______[20]) + 중국 ______[21]과 연합, 쌍성보 전투(1932), 사도하자·대전자령·동경성 전투(1933) 승리

1932.12. — **조선 소작 조정령 공포**

사료까지 한 번에 총정리!

❶ [22] **창립 취지문**

인류 사회는 많은 불합리를 생산하는 동시에, 그 해결을 우리에게 요구하고 있다. **여성 문제는 그중의 하나이다.** …… 과거의 조선 여성 운동은 분산되어 있었다. 그것에는 통일된 조직이 없었고 통일된 지도 정신도 없었고 통일된 항쟁이 없었다. …… **우리 조선 자매 전체의 역량을 공고히 단결하여 운동을 전반적으로 전개하지 아니하면 아니된다.** 일어나라! 오너라! 단결하자! 분투하자! 조선 자매들아! 미래는 우리의 것이다.

❷ 문자 보급 운동

오늘날 조선인에게 무엇 하나 필요치 않은 것이 없다. 산업과 건강과 도덕이 다 그러하다. 그러나 그중에도 **가장 필요하고 긴급한 것을 들자면 지식 보급을 제외하고는 다시 없을 것이다.** 지식이 없이는 산업이나 건강이나 도덕이 발달할 수 없다. 문맹 앞에는 항상 끝을 알 수 없는 함정이 가로 놓여 있으니, 그들이 가는 속에는 위험과 저주가 따라다닐 뿐이다. …… 농민의 생활을 보라. 노동자의 생활을 보라. 그리고 부인의 생활을 보라. 그들이 무지몽매하기 때문에 그 생활은 한층 저열하고 향상되지 못하지 않은가. 전 인구의 1,000의 20밖에 문자를 이해하지 못하고, 취학 연령 아동의 10분의 3밖에 학교에 갈 수 없는 **조선의 현실에서 간단하고 쉬운 문자의 보급은 우리 민족이 해결해야 할 가장 시급한 일**이라 하겠다.

– 조선일보

❸ [23] **운동 격문**

학생, 대중이여 궐기하라! 우리의 슬로건 아래로!
검거된 학생들을 즉시 우리 손으로 탈환하자.
경찰의 교내 침입을 절대 반대한다.
언론·출판·집회·결사·시위의 자유를 획득하자.
조선인 본위의 교육 제도를 확립하라.
식민지적 노예 교육 제도를 철폐하라.
사회 과학 연구의 자유를 획득하자.

❹ [24] **운동 선전문**

여러분들의 고향에는 조선 문자도 모르고 숫자도 모르는 이가 얼마쯤 있는가. …… 우리는 모름지기 자신을 초월한 것이다. 모든 이들을 위해 자신의 이해와 고락을 희생할 것이다. 우리는 보수를 바라지 않는 일꾼이 되어야 할 것이다. 새로운 사상을 갖는 새로운 학생들을 보라! …… 참으로 민중을 생각하는 마음으로 민중을 대하라. 그리하여 **민중의 계몽자가 되고, 민중의 지도자가 되라!**

– 동아일보

❺ 이봉창 의거

대한민국 13년 12월 초순, 고난을 참아가며 기다리던 호기가 찾아왔다. 제조 중인 폭탄이 완성되었다. 타지에서 노동하는 동포들이 피와 땀을 짜내어 돈을 약간 부쳐 온 것이었다. 김구 선생은 이 돈을 전부 의사에게 주기로 하고 그가 반드시 성공하리라는 것을 깊이 믿으셨다. 이듬해 1월 8일 **사쿠라다몬(櫻田門) 앞에서 폭탄을 던져 왜왕(倭王)의 가슴을 서늘하게 만든 의사**는 적의 군중들이 놀라 아우성을 칠 때 그 자리에서 태극기를 꺼내 들고 소리 높여 '대한 독립 만세'를 세 번 부르고 조용히 놈들의 체포를 받았다.

– 김구, 『도왜실기』

❻ 1930년대 국외 무장 투쟁

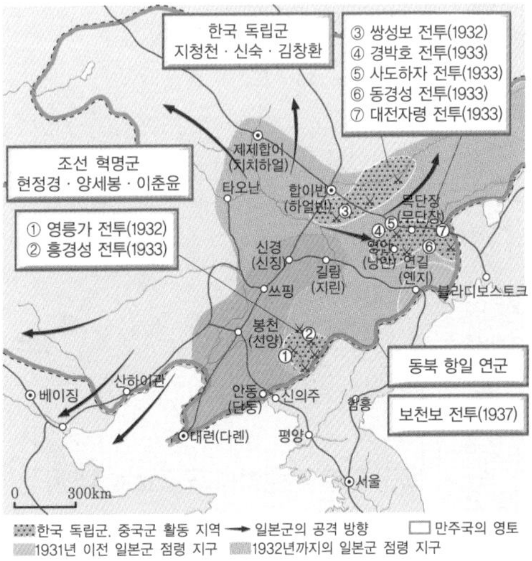

정답 1 신간회 2 혁신 의회 3 한국 독립군 4 원산 5 농민부 6 양세봉 7 조선일보 8 『우리말 큰 사전』 9 동아일보 10 민족 자본 11 김구 12 이봉창 13 윤봉길 14 홍커우 15 조선 혁명군 16 한국 독립군 17 조선 혁명군 18 의용군 19 흥경성 20 지청천 21 호로군 22 근우회 23 광주 학생 항일 24 브나로드

02 일제 강점기 ⑥

1930

- 1934. 4. 조선 농지령 공포
- 1934. 5. ______[1] 창설
  (이병도·손진태 중심, 실증주의 사학 연구)
- 1935. 7. ______[2] 결성
  (의열단의 김원봉 중심, 중국 내 민족 유일당)
- 1935. 11. 신사 참배 거부 사건
  (평양 기독교계 사립학교장 신사 참배 거부 사건)
  - ______[3] 창당
    (김구, 이동녕 등 임시 정부 인사 중심)
- 1936. 8. 동아일보의 ______[4] 일장기 말소 사건
  → 동아일보 정간
- 1936. 12. 조선 사상범 보호 관찰령 공포
- 1937. 6. 보천보 전투(김일성 부대)
  - 수양 동우회 사건
    (일제가 ______[5] 위반 혐의로 지식인들을 투옥)
- 1937. 7. ______[6] 발발
- 1937. 10. ______[7] ❶ 제정
  (→ 암송 강요)
- 1938. 2. 육군 특별 지원법령 공포(4월 시행)
- 1938. 3. 제3차 조선 교육령❷
  → 보통학교·소학교를 ______[8]로 개편, 조선어 수의(선택) 과목화
- 1938. 4. 국가 총동원법❸ 제정(5월 시행)
- 1938. 10. 조선 의용대 창설

> [조선 의용대]
> - 조직 : ______[9]이 중국 국민당의 지원을 받아 창설, 중국 관내에서 조직된 최초의 한인 무장 단체
> - 활동 : 중국 국민당과 연합하여 포로 심문, 정보 수집, 후방 교란 등 전개
> - 분열 : 일부가 ______[10] 지역으로 이동, 조선 의용대 화북 지대 편성 → 조선 독립 동맹과 ______[11]으로 확대·개편(1942, 김두봉), 잔류 세력은 김원봉의 지휘 아래 ______[12]으로 이동, ______[13]에 합류(1942)

- 1939. 7. 국민 징용령 공포(10월 시행)

1940

- 1940. 1. 조선 영화령 공포
- 1940. 2. ______[14] ❹(일본식 성명) 강요
- 1940. 5. 한국 독립당 창당(임시 정부의 여당 역할)
- 1940. 8. 조선일보, 동아일보(한글 신문) 폐간
- 1940. 9. 한국광복군❺ 창설

> [한국광복군]
> - 중국 정부의 지원을 받아 창설
> - 총사령관 ______[15], 참모장 이범석
> - 김원봉의 ______[16] 일부가 합류
> - 대일 선전 포고, 연합군과 합동 작전 전개, 미국 OSS의 지원으로 국내 진공 작전 계획 → 일본의 패망으로 실패

사료까지 한 번에 총정리!

❶ 황국 신민 서사

[아동용]

1. 나는 대일본 제국의 신민(臣民)이다.
2. 나는 마음을 합해 천황 폐하께 충의를 다한다.
3. 나는 인고단련(忍苦鍛鍊, 괴로움을 참고 견뎌 몸과 마음을 튼튼히 한다)하여 훌륭하고 강한 국민이 된다.

[일반용]

1. 우리들은 황국 신민이다. 충성으로써 군국에 보답하자.
2. 우리들 황국 신민은 서로 신애협력하고 단결을 굳게 하자.
3. 우리들 황국 신민은 인고단련의 힘을 길러 황도를 선양하자.

❷ 제3차 조선 교육령

제1조 소학교는 국민 도덕의 함양과 국민 생활의 필수적인 보통의 지능을 갖게 함으로써 충량한 황국 신민을 육성하는 데 있다.

제13조 **심상소학교**의 교과목은 수신, 국어(일어), 산술, 국사(일본사), 지리, 이과, 직업, 도화, 수공, 창가, 체조이다. **조선어는 수의(선택) 과목으로 한다.**

제16조 국체의 본의를 명확히 밝혀 아동에게 황국 신민으로서의 자각을 환기한다. 국가 사회에 봉사하는 마음으로 내선일체의 미풍을 기른다.

❸ 국가 총동원법

제1조 **국가 총동원**이란 전시에 국방 목적을 달성하기 위해 국가의 전력(全力)을 가장 유효하게 발휘하도록 **인적 및 물적 자원을 운용**하는 것을 말한다.

제4조 정부는 전시에 국가 총동원상 필요할 때는 칙령이 정하는 바에 따라 **제국 신민을 징용하여 총동원 임무에 종사**하게 할 수 있다. 단, 병역법의 적용을 방해하지 않는다.

제7조 정부는 전시에 국가 총동원상 필요할 때는 칙령이 정하는 바에 따라 노동 쟁의의 예방 또는 해결에 관하여 필요한 명령을 내리거나 작업소의 폐쇄, 작업 또는 노무의 중지, 기타 노동 쟁의에 관한 행위의 제한 또는 금지를 행할 수 있다.

– 조선 총독부, 『조선 법령 집람』 제13집

❹ 창씨개명

- 창씨하지 않은 사람의 자녀에 대해서는 각급 학교의 입학과 전학을 거부한다.
- 창씨하지 않은 아동에 대해서는 교사가 이유 없이 질책, 구타하는 등 그를 증오함으로써 아동으로 하여금 부모에게 애원해 창씨시킨다.
- 창씨하지 않은 사람은 공사 기관을 불문하고 일체 채용하지 않는다. 또한 현직자도 점차 면직 조치를 취한다.
- 창씨하지 않은 사람은 비국민 또는 불령선인으로 단정하여 경찰 수첩에 등록하고 사찰과 미행을 철저히 함과 동시에 우선적으로 노무 징용의 대상자로 하고, 식료 및 기타 물자 보급 대상에서 제외한다.
- 창씨하지 않은 이름이 붙어 있는 화물은 철도국 및 운송 기관에서 취급하지 않는다.

❺ (17)의 행동 준승 9개항

1. 한국광복군은 중국의 항일 작전 기간에 본회(중국 군사 위원회)에 직할·예속하고, 참모 총장이 장악·운영한다.
2. 한국광복군은 본회에서 통할 지휘하되 중국이 계속 항전하는 기간과 한국 독립당·임시 정부가 한국 국경으로 추진하기 이전에는 중국 최고 통수부의 군령만을 접수할 뿐이다. 기타의 군령이나 혹은 기타 정치의 견제를 접수하지 못한다. 한국 독립당·임시 정부와의 관계는 중국의 군령을 받는 기간에 있어서는 고유한 명의 관계를 보류한다.

9. 중·일 전쟁이 끝났을 때에도 한국 임시 정부가 한국 국경 내로 진입하지 못한 경우, 이후 광복군을 어떻게 운용할 것인가는 본회의 정책에 기본을 두고 당시 정황을 살펴서 책임지고 처리한다.

정답 1 진단 학회 2 조선 민족 혁명당 3 한국 국민당 4 손기정 5 치안 유지법 6 중·일 전쟁 7 황국 신민 서사 8 심상소학교 9 김원봉 10 화북 11 조선 의용군 12 충칭 13 한국광복군 14 창씨개명 15 지청천 16 조선 의용대 17 한국광복군

02 일제 강점기 ⑦

1940

- 1941.3. • 국민학교령 공포
- 1941.4. • 물자 통제령 공포 → 배급제 확대
- 1941.9. • 금속 회수령 시행 규칙 공포
- **1941.11.** • **임시 정부의 건국 강령❶ 발표**
  (조소앙의 ______[1] 채택)
- 1941.12. • ______[2] 발발,
  임시 정부의 대일 선전 포고
- **1942.7.** • **조선 독립 동맹 조직❷**
  (______[3] 중심, 산하 군대로 ______[4] 조직)
- **1942.10.** • **조선어 학회 사건**
  (일제가 조선어 학회를 독립운동 단체로 규정 → 강제 해산)
- **1943.3.** • **제4차 조선 교육령**
  → 조선어·조선사 교육 금지
- 1943.8. • 조선 식량 관리령 공포
  • ______[5], 인도·미얀마 전선에 파견
- 1943.10. • 학도 지원병제 시행
- **1943.11.** • ______[6] **회담❸**
  (미·영·중 회담, '적당한 시기에 한국 독립' → 최초로 한국 독립 약속)
- 1944.4. • 징병제 시행
- 1944.8. • 조선 건국 동맹 결성
  • 여자 정신대 근무령 공포❹
- **1945.2.** • ______[7] **회담**
  (미·영·소 회담, 신탁 통치 언급)
- **1945.7.** • ______[8] **선언❺**
  (미·영·소·중 회담 → 한국의 독립 재확인)
- **1945.8.** • **8·15 광복 (일본으로부터 해방)**

사료까지 한 번에 총정리!

❶ ____________________[9]의 건국 강령

삼균 제도를 골자로 한 헌법을 실행하여 정치와 경제와 교육의 민주적 실시로 실제상 균형을 도모하며, 전국의 **토지와 대생산 기관의 국유화**가 완성되고 **전국 학령 아동의 전수가 고급 교육의 무상 교육이 완성**되고 **보통 선거 제도가 구속 없이 완전히 실시**되어 …… 극빈 계급의 물질과 정신상 생활 정도와 문화 수준이 최고 보장되는 과정을 건국의 제2기라 함.

❷ 조선 독립 동맹

본 동맹은 조선에 대한 일본 제국주의의 지배를 전복하고 독립 자유의 조선 민주 공화국을 수립할 목적으로 다음 임무를 실현하기 위하여 싸운다.

1. 전 국민의 보통 선거에 의한 민주 정권을 수립한다.
6. 조선에 있는 일본 제국주의의 일체 자산 및 토지를 몰수하고 일본 제국주의와 밀접한 관계에 있는 대기업을 국영으로 귀속하고 토지 분배를 실행한다.
7. 8시간 노동제를 실시하여 사회의 노동을 보장한다.

❸ 카이로 선언

3대 동맹국(미국·영국·중국)은 일본의 침략을 정지시키며 이를 벌하기 위하여 이번 전쟁을 속행하고 있는 것이다. …… 위 동맹국의 목적은 일본이 1914년 제1차 세계 대전 개시 이후에 탈취 또는 점령한 태평양의 도서(島嶼) 일체를 빼앗고 만주, 대만 및 팽호(澎湖) 섬과 같이 일본이 청국으로부터 빼앗은 지역 일체를 중화민국에 반환함에 있다. …… 앞의 3대국(미국·영국·중국)은 **한국민의 노예 상태에 유의하여 적당한 시기(in due course)에 한국을 자주독립시킬 결의를 한다.**

❹ 1940년대 물적·인적 수탈

신고산이 우르르 함흥 차 가는 소리에
지원병 보낸 어머니 가슴만 쥐어뜯고요
……
정신대 보낸 어머니 딸이 가엾어 울고요
……
금붙이 쇠붙이 밥그릇마저 모조리 긁어 갔고요
어랑어랑 어허야 이름 석 자 잃고서 족보만 들고 우누나

– 신고산 타령

❺ 포츠담 선언

1. 미합중국 대통령, 중화민국 정부 주석 및 대영 제국 수상은 우리들의 수억 국민을 대표하여 협의한 결과, 일본에 대해 지금의 전쟁을 종결할 기회를 준다는 것에 합의하였다.
4. 무분별한 계산으로 일본을 멸망 직전까지 몰아넣은 군국주의자들의 손에 일본을 맡길 것인지 결정할 시기가 도래하였다.
7. 일본의 전쟁 수행 능력이 파괴되었다는 것을 확인할 때까지는 …… 연합국이 지정한 일본 영역 내의 지점들은 점령될 것이다.
8. **카이로 선언의 조항은 이행되어야 하며,** 또 일본국의 주권은 혼슈, 홋카이도, 규슈, 시코쿠 및 우리가 결정하는 섬에 국한될 것이다.

정답 1 삼균주의 2 태평양 전쟁 3 김두봉 4 조선 의용군 5 한국광복군 6 카이로 7 얄타 8 포츠담 9 대한민국 임시 정부

03 현대 ①

1940

1945.8. • 8·15 광복
→ 조선 건국 준비 위원회❶ 조직

[조선 건국 준비 위원회]
- 조직 : 여운형(중도 좌파)❷ + ______[1](중도 우파)
- 활동
  - 총독부로부터 치안 유지권과 일부 행정권 인수
  - ______[2] 조직 : 치안·행정 담당, 전국에 145개 지부 설치
  - 전국 인민 대표 회의 → ______[3] 선포(9. 6.)
- 해체 : 미 군정이 모든 단체 인정 X → 해체

1945.9. • 미 군정 선포 → 미 군정청 설치(9. 9.)
• ______[4](송진우, 김성수) 창당
• 조선 국민당(안재홍) 창당

1945.11. • 조선 인민당(여운형) 창당
• 김구, 개인 자격으로 귀국

1945.12. • 모스크바 3국 외상 회의❸

[모스크바 3국 외상 회의의 결정]
- 최고 ______[5]년간 신탁 통치
- ______[6] 설치
- 민주주의 임시 정부 수립

1946.3. • 제1차 미·소 공동 위원회(~5월, 결렬)
• 미 군정이 ______[7] 설립
(동양 척식 주식회사의 재산·일본인 소유 농지 관리 → 일부 토지 매도)

1946.5. • 조선 정판사 위조 지폐 사건

1946.6. • ______[8]의 정읍 발언❹
(남한만의 단독 정부 수립 주장)

1946.7. • 좌·우 합작 위원회 조직(김규식·여운형 주도)
→ ______[9]❺ 발표
(1946. 10.)

1946.10. • 대구 10월 사건
(미 군정의 식량 정책 항의 시위)

1946.12. • 미 군정이 ______[10] 창설(의장 : 김규식)

1947.3. • ______[11] 발표
→ 냉전 체제 심화

1947.5. • 제2차 미·소 공동 위원회(~10월, 결렬)

1947.7. • 여운형이 암살됨
→ ______[12] 해산
(12월)

1947.9. • 미국의 제안에 따라 한반도 문제를 ______[13]에 이관(소련은 반대)

1947.11. • 유엔 총회 결의
(______[14]에 의한 남북한 총선거 실시 결의)

1948.1. • 유엔 한국 임시 위원단 내한
→ 소련(북한)의 입국 거부

1948.2. • 김구, '삼천만 동포에게 읍고함'❻ 발표
• 유엔 소총회 결의
(______[15]만의 단독 선거 실시 결의)
• 김구·______[16], 남북 협상 제의

1948.4. • 제주 ______[17] 사건
(남한만의 단독 선거 반대)

사료까지 한 번에 총정리!

❶ [18] 강령

1. 우리는 완전한 **독립 국가의 건설**을 기함
2. 우리는 전 민족의 정치적, 경제적, 사회적 기본 요구를 실현할 수 있는 **민주주의 정권의 수립**을 기함
3. 우리는 일시적 과도기에 있어서 국내 질서를 자주적으로 유지하여 대중 생활의 확보를 기함

❷ [19] 이 조선 총독에게 요구한 5개 조항

1. 전국적으로 **정치범, 경제범을 즉시 석방**할 것
2. **서울의 3개월분 식량을 확보**할 것
3. 치안 유지와 건국 운동을 위한 정치 운동에 대하여 절대로 간섭하지 아니할 것
4. 학생과 청년을 조직·훈련하는 데 대하여 간섭하지 않을 것
5. 노동자와 농민을 건국 사업에 동원하는 데 있어 절대로 간섭하지 말 것

❸ 모스크바 3국 외상 회의 결의문

1. 조선을 독립 국가로 재건설하며 조선을 민주주의적 원칙하에 발전시키는 조건을 조성하고 일본의 장구한 조선 통치의 참담한 결과를 가급적 속히 청산하기 위하여 **'조선 민주주의 임시 정부'를 수립**한다.
2. 조선 임시 정부 수립을 원조할 목적으로 먼저 그 적절한 방책을 연구·조성하기 위하여 남조선 미국 사령부와 북조선 소련 사령부의 대표자들로 **공동 위원회가 설치**될 것이다. 위원회는 제안을 작성할 때에 조선의 민주주의 정당들, 사회 단체들과 협의해야 한다.
3. 위 공동 위원회는 …… 조선 인민의 정치적·경제적·사회적 진보와 민주주의적 자치 발전과 독립 국가의 수립을 원조 협력할 방안을 작성하는 역할을 수행한다. 공동 위원회는 조선 임시 정부와 협의하여 **미·영·소·중 4개국 정부가 최고 5년 기간의 신탁 통치** 협약을 작성하는 데 공동으로 참작할 수 있도록 제안을 제출하여야 한다.
4. 남·북조선에 공통된 긴급 문제와 행정·경제 방안의 영구적 조정 방침 강구를 위해 미·소 양국 조선 주둔 사령관 **대표는 앞으로 2주일 이내에 회의를 소집**할 것이다.

❹ 이승만의 [20] 발언

이제 우리는 무기 휴회된 공위(미·소 공동 위원회)가 재개될 기색도 보이지 않으며 통일 정부를 고대하나 여의케 되지 않으니 **우리는 남방만이라도 임시 정부 혹은 위원회 같은 것을 조직**하여 38 이북에서 소련이 철퇴하도록 세계 공론에 호소하여야 될 것이니 여러분도 결심하여야 될 것이다.

❺ 좌·우 합작 7원칙

1. 조선의 민주 독립을 보장한 모스크바 3국 외상 회의 결정에 의하여 남북을 통한 좌·우 합작으로 **민주주의 임시 정부를 수립**할 것
2. **미·소 공동 위원회의 속개를 요청**하는 공동 성명을 발표할 것
3. 토지 개혁에 있어서 몰수, 유조건 몰수, 체감 매상(토지 등급을 차례로 감하여 매상) 등으로 토지를 농민에게 무상으로 분여하여 적정 처리하고, 중요 산업을 국유화하여 …… 민주주의 건국 과업 완수에 매진할 것

7. 전국적으로 언론·집회·결사·출판·교통·투표 등의 자유가 절대 보장되도록 노력할 것

❻ [21] 의 '삼천만 동포에게 읍고함'

독립이 원칙인 이상 독립이 희망없다고 자치를 주장할 수 없는 것을 왜정하에서 충분히 인식한 바와 같이, 우리는 통일 정부가 가망 없다고 단독 정부를 주장할 수 없는 것이다. …… 현실에 있어서 나의 유일한 염원은 3천만 동포와 손을 잡고 통일된 조국의 달성을 위하여 공동 분투하는 것뿐이다. 이 육신을 조국이 필요로 한다면 당장에라도 제단에 바치겠다. **나는 통일된 조국을 건설하려다 38도선을 베고 쓰러질지언정** 일신의 구차한 안일을 위하여 **단독 정부를 세우는 데는 협력하지 아니하겠다.**

정답

1 안재홍 2 좌익단체 3 조선 인민 공화국 4 한국 민주당 5 5 6 미·소 공동 위원회 7 신탁 통치 8 이승만 9 좌·우 합작 7원칙 10 남조선 과도 입법 의원 11 트루먼 독트린
12 좌·우 합작 위원회 13 유엔 14 인구 비례 15 단독 16 김규식 17 4·3 18 조선 건국 준비 위원회 19 여운형 20 정읍 21 김구

03 현대 ②

1940

1948. 4. • **남북 연석 회의(평양)**

> [남북 연석 회의(남북 지도자 회의)]
> • [남] 김구, 김규식 + [북] ____[1], 김두봉
> • **공동 성명 발표**: 미·소 군대 철수, 단독 정부 수립 반대

1948. 5. • **5·10 총선거(남한만의 총선거) 실시**

> [5·10 총선거]
> • 우리나라 최초의 민주적인 보통 선거
> • 임기 ____[2]년의 ____[3] 국회의원 선출
> • 남북 협상 세력(김구, 김규식 등) 불참

1948. 7. • **제헌 헌법❶ 공포(7. 17.)**(3권 분립, 대통령 중심제, ____[4] 선거에 의한 대통령 선출)

1948. 8. • **대한민국 정부 수립**(대통령: ____[5], 부통령: ____[6], 국무총리: 이범석)

1948. 9. • **조선 민주주의 인민 공화국 수립(9. 9.)**

> [북한 정권 수립 과정]
> 평남 건국 준비 위원회 조직(1945. 8.) → 조선 공산당 북조선 분국 설치(1945. 10.) → 북조선 5도 행정국 설치(1945. 11.) → 북조선 임시 인민 위원회 수립(1946. 2.) → 토지 개혁 실시(1946. 3.) → 북조선 노동당 창당(1946. 8.) → 북조선 인민 위원회 수립(1947. 2.) → 조선 인민군 창설(1948. 2.) → 조선 민주주의 인민 공화국 수립(1948. 9.)

1948. 9. • ____[7]❷ **제정**
→ 반민족 행위 특별 조사 위원회 설치

> [친일파 청산]
> • **한계**: 이승만 정부의 비협조적 태도, 반민법의 공소 시효 기간 단축(2년 → 1년), 국회 프락치 사건 등
> • **결과**: 반민특위가 시효 만료(1949. 8.)로 해체 → 친일파 청산 좌절

1948. 10. • ____[8] **사건**
: 제주 4·3 사건 진압 명령을 받은 여수 주둔 군대의 제주도 출동 거부
→ 국가 보안법 제정(1948. 12.) 계기

1949. 6. • **농지 개혁법❸ 제정**
(____[9] 매입·____[10] 분배, ____[11] 이상의 토지 소유 금지)
• ____[12]가 안두희에게 암살됨

1949. 12. • **귀속 재산 처리법❹ 제정**

1950

1950. 1. • **애치슨 선언❺ 발표**

1950. 6. • **6·25 전쟁 발발**

> [6·25 전쟁 과정]
> 북한의 남침(1950. 6. 25.) → 3일 만에 서울 함락 → UN군 참전(1950. 7.) → ____[13](9. 15.) → 서울 수복(9. 28.) → 평양 탈환(10. 19.) → 중공군 개입(10. 25.) → ____[14](1951. 1.), 서울 재함락 → 국군과 UN군의 서울 재수복(1951. 3.) → 38도선 일대에서 교착 → ____[15]의 휴전 제안(1951. 6.) → 미국 수용, 이승만 정부 반대 → 휴전 회담 시작(1951. 7.) → ____[16]이 거제도의 반공 포로 석방(1953. 6.) → ____[17](정전 협정)❻ 체결(1953. 7.)

1951 • **국민 방위군 사건**(6·25 전쟁 과정 중 일부 군사 간부들이 군 예산 착복)

1951. 2. • **거창 양민 학살 사건**(국군이 공산당과 내통하였다는 혐의로 거창 양민 대량 학살)

1951. 12. • **자유당 창당**(→ 개헌 추진 논의)

사료까지 한 번에 총정리!

❶ 제헌 헌법

유구한 역사와 전통에 빛나는 우리들 대한 국민은 **기미 3·1 운동**으로 대한민국을 건립하여 세계에 선포한 위대한 **독립 정신을 계승**하여, 이제 민주 독립 국가를 재건함에 있어서 정의·인도와 동포애로써 민족의 단결을 공고히 하여, 모든 사회적 폐습을 타파하고 민주주의 제도를 수립하여 정치·경제·사회·문화의 모든 영역에서 각인의 기회를 균등히 하고, …… 정당 또 자유로이 선거된 대표로서 구성된 국회에서 **단기 4281년 7월 12일 이 헌법을 제정**한다.

제1조 **대한민국은 민주 공화국**이다.

제53조 **대통령과 부통령은 국회에서 무기명 투표로써 각각 선거**한다.

제55조 **대통령과 부통령의 임기는 4년**으로 한다. 단, 재선에 의하여 1차 중임할 수 있다.

제102조 이 헌법을 제정한 국회는 이 헌법에 의한 국회로서의 권한을 행하며 그 **위원의 임기**는 국회 개회일로부터 **2년**으로 한다.

❷ 반민족 행위 처벌법

제1조 일본 정부와 통모하여 **한·일 합병에 적극 협력한 자**, 한국의 주권을 침해하는 조약 또는 문서에 조인한 자와 모의한 자는 사형 또는 무기 징역에 처하고 그 재산과 유산의 전부 혹은 2분의 1 이상을 몰수한다.

제2조 **일본 정부로부터 작위를 받은 자** 또는 일본 제국 의회의 의원이 되었던 자는 무기 또는 5년 이상의 징역에 처하고 그 재산과 유산의 전부 혹은 2분의 1 이상을 몰수한다.

제3조 일본 치하 독립운동가나 그 가족을 악의로 살상·박해한 자 또는 이를 지휘한 자는 사형, 무기 또는 5년 이상의 징역에 처하고 그 재산의 전부 혹은 일부를 몰수한다.

❸ ______[18]

제5조 정부는 다음에 의하여 농지를 취득한다.

1. 다음의 농지는 정부에 귀속한다.
   (가) 법령 및 조약에 의하여 몰수 또는 국유로 된 농지
   (나) 소유권의 명의가 분명하지 않은 농지

제12조 **농지의 분배는 1가당 총경영 면적 3정보를 초과하지 못한다.**

제17조 일체의 농지는 소작, 임대차 또는 위탁 경영 등 행위를 금지한다.

❹ ______[19]

제2조 본 법에서 귀속 재산이라 함은 …… **대한민국 정부에 이양된 일체의 재산**을 지칭한다. 단, 농경지는 따로 농지개혁법에 의하여 처리한다.

제3조 귀속 재산은 본 법과 본 법의 규정에 의하여 발하는 명령의 정하는 바에 의하여 국용 또는 공유 재산, 국영 또는 공영 기업체로 지정되는 것을 제외하고는 대한민국의 국민 또는 법인에게 매각한다.

❺ ______[20] 선언

미국 극동에 있어서의 **'방위선'은 알류샨 열도로부터 일본, 오키나와를 거쳐 필리핀을 통과**한다. 방위선 밖의 국가가 제3국의 침략을 받는다면 침략을 받은 국가는 그 국가 자체의 방위력과 국제 연합 헌장의 발동으로 침략에 대응해야 한다.

– 애치슨, 「아시아의 위기」

❻ 휴전 협정(정전 협정)

1. 한 개의 군사 **분계선을 확정**하고 쌍방이 이 선으로부터 2km씩 후퇴함으로써 적대 군대 간에 한 개의 **비무장 지대를 인정**한다. 한 개의 비무장 지대를 설정하여 이를 완충 지대로 함으로써 적대 행위의 재발을 초래할 수 있는 사건의 발생을 방지한다.
4. 적대 쌍방 사령관들은 비무장 지대와 각자의 지역 간의 경계선에 따라 적당한 표식물을 세운다. 군사 정전 위원회는 군사 분계선과 비무장 지대의 양 경계선에 따라 설치한 일체 표식의 건을 감독한다.
7. 군사 정전 위원회의 특정한 허가 없이는 어떠한 군인이나 민간인이나 **군사 분계선을 통과함을 허가하지 않는다.**

정답 1 김일성 2 2 3 제헌 4 간접 5 이승만 6 이시영 7 반민족 행위 처벌법 8 여수·순천 10·19 9 유상 10 유상 11 3정보 12 김구 13 인천 상륙 작전 14 1·4 후퇴 15 소련 16 이승만 17 휴전 협정 18 농지 개혁법 19 귀속 재산 처리법 20 애치슨

03 현대 ③

1950

- 1952.1. — 이승만의 평화선 선언
- 1952.5. — ____[1] 정치 파동
- 1952.7. — ____[2] 개헌
  (제1차 개헌, 대통령 직선제, 국회 ____[3])
- 1952.8. — 제2대 대선(대통령 : 이승만, 부통령 : 함태영)
- 1953.10. — 한·미 상호 방위 조약❶
- 1954.1. — 정비석의 「자유부인」 연재 시작
- 1954.11. — ____[4] 개헌❷
  (제2차 개헌, 초대 대통령에 한해 중임 제한 철폐)
- 1955.5. — 한·미 잉여 농산물 협정
  (미 공법 제480호에 의한 잉여 농산물 원조)
- 1955.9. — 민주당 창당(야당 결집, 개헌 반대 투쟁 전개)
- 1956 — 제3대 대선(대통령 : 이승만, 부통령 : ____[5])
- 1957 — 한글 학회, ____[6] 완간
- 1958.1. — ____[7] 사건(이승만 정부가 조봉암 등 진보당 주요 간부들을 간첩 혐의로 체포 → ____[8] 사형, 진보당 정당 등록 취소)
- 1958.12. — 보안법 파동(____[9] 제정)
- 1959.4. — 경향신문 폐간

1960

- 1960.3. — 3·15 부정 선거❸
- 1960.4. — 4·19 혁명❹ → ____[10] 하야(4. 26.)

  [4·19 혁명]
  - 배경 : 경제 침체, 부정부패, 3·15 부정 선거
  - 전개 : 시민들의 부정 선거 규탄 시위(마산 시위) → 수많은 사상자 발생(3. 15.) → 행방불명되었던 ____[11] 시신 발견(4. 11.) → 고려대 학생들이 시위 전개(4. 18.) → 귀교 도중 폭력배의 습격 → 4·19 혁명 발발, 학생과 시민들이 중앙청까지 진입, 경무대(현 청와대) 진입 시도 → 경찰의 무차별 총격, 계엄령 선포(4. 19.) → 서울 시내 대학 교수단의 이승만 퇴진을 요구하는 시국 선언문 발표(4. 25.)
  - 결과 : 이승만 하야, 자유당 정권 붕괴, ____[12] 수립

- 1960.6. — 제3차 개헌
  (내각 책임제, 국회 양원제, 대통령 간선제)
- 1960.8. — 제4대 대선(대통령 : ____[13], 국무총리 : 장면) → ____[14] 내각 출범
- 1960.11. — 제4차 개헌
  (소급 입법 개헌, 3·15 부정 선거 관련자 및 부정 축재자 처벌)
- 1961.5. — 5·16 군사 정변
  → ____[15]❺ 조직
- 1962 — 제1차 경제 개발 5개년 계획 실시
  - 제5차 개헌(대통령 중심제, 직선제)
- 1963 — 제5대 대선(대통령 : ____[16])
- 1964.6. — ____[17](한·일 회담 반대❻ 시위)

사료까지 한 번에 총정리!

❶ 한·미 상호 방위 조약

제2조 당사국 중 일국의 정치적 독립 또는 안전이 외부로부터 무력 공격에 의하여 위협받고 있다고 인정될 경우 언제든지 당사국은 서로 협의한다.

제3조 각 당사국은 상대 당사국에 대한 무력 공격을 자국의 평화와 안전을 위태롭게 하는 것이라고 인정하고, 공동의 위험에 대처하기 위하여 각자의 헌법상의 절차에 따라 행동한다.

제4조 상호적 합의에 의하여 **미합중국의 육군, 해군과 공군을 대한민국의 영토 내와 그 부근에 배치**하는 권리를 대한민국은 이를 허락하고 미합중국은 이를 수락한다.

❷ 사사오입 개헌

개헌안에 대한 국회 표결 결과, 재적 의원 203명, 재석 의원 202명, 찬성 135표, 반대 60표, 기권 7표였다. 이것은 헌법 개정에 필요한 의결 정족수(재적 의원의 3분의 2 이상)인 136표에 1표가 부족한 135표 찬성이므로 부결된 것이었다. 그러나 자유당 간부회는 **재적 의원 203명의 3분의 2는 135.333…이므로** 이를 **사사오입**하면 135명이 **개헌 정족수가 된다고 주장**하였다. 이들은 이 주장을 자유당 의원 총회에서 채택하고, 국회에서 야당 의원들이 퇴장한 가운데 '번복 가결 동의안'을 상정하여 통과시켰다.

❸ [18] 선거

- 총 유권자의 40%에 해당하는 표를 자유당 후보에게 기표하여 투표 당일 투표함에 미리 넣어 놓는다.
- 나머지 60%의 유권자는 3인, 5인, 9인조로 묶어 매수 혹은 위협을 통해 자유당 후보에게 투표하도록 한다.
- 투표소 부근에 여당 완장을 착용한 완장 부대를 배치하여 야당 성향의 유권자를 위협한다.
- 야당 참관인은 적당한 구실을 만들어 투표소 밖으로 내쫓는다.

– 동아일보, 1960. 3. 4.

❹ [19] 선언문

상아의 진리탑을 박차고 거리에 나선 우리는 질풍과 같은 역사의 조류에 자신을 참여시킴으로써 이성과 진리, 그리고 자유의 대학 정신을 현실의 참담한 박토에 뿌리려 하는 바이다. …… 무릇 모든 민주주의 정치사는 자유의 투쟁사다. 그것은 또한 여하한 형태의 전제로 민중 앞에 군림하는 '종이로 만든 호랑이'같이 헤슬픈 것임을 교시한다. …… 근대적 민주주의의 근간은 자유다. …… 정당히 가져야 할 권리를 탈환하기 위한 자유의 전역은 바야흐로 풍성해 가고 있는 것이다.

– 서울대학교 문리과 대학 학생 일동

❺ 군사 혁명 위원회의 혁명 공약

1. **반공을 국시의 제일**로 삼고 지금까지 형식적이고 구호에만 그친 **반공 체제를 재정비·강화**할 것입니다.
2. 유엔 헌장을 준수하고 국제적 협약을 충실히 수행할 것이며, 미국을 위시한 자유 우방과의 유대를 더욱 견고히 할 것입니다.
3. 이 나라 사회의 모든 부패와 구악을 일소하고 퇴폐한 국민 도의와 민족정기를 다시 바로잡기 위하여 청신한 기풍을 진작할 것입니다.
4. 절망과 기아선상에서 허덕이는 민생고를 시급히 해결하고 국가 자주 경제 재건에 총력을 경주할 것입니다.
5. 민족적 숙원인 국토 통일을 위하여 공산주의와 대결할 수 있는 실력 배양에 전력을 집중할 것입니다.
6. 이와 같은 우리의 과업이 성취되면 참신하고도 양심적인 **정치인들에게 언제든지 정권을 이양하고 우리들 본연의 임무에 복귀**할 준비를 갖추겠습니다.

❻ 한·일 회담 반대

국제 협력이라는 미명 아래 우리 민족의 치 떨리는 원수 일본 제국주의를 수입, 대미 의존적 반신불수인 한국 경제를 2중 예속의 철쇄로 속박하는 것이 조국 근대화로 가는 첩경이라고 기만하는 반민족적 음모를 획책하고 있다. …… **굴욕적인 한·일 회담의 즉시 중단을 엄숙히 요구한다.**

– 한·일 굴욕 회담 반대 학생 총연합회

정답 1 북진 2 발췌 3 양원제 4 사사오입 5 장면 6 『우리말 큰 사전』 7 진보당 8 조봉암 9 신국가보안법 10 이승만 11 김주열 12 허정 과도 정부 13 윤보선 14 장면 15 군사 혁명 위원회 16 박정희 17 6·3 시위 18 3·15 부정 19 4·19 혁명

03 현대 ④

1960

- 1964.8. 1차 인민 혁명당 사건
- 1964.9. __________[1] 파병(비전투 부대 파병, 전투 부대는 1965년~1973년 파병)
- **1965.6.** 한·일 협정(한·일 기본 조약)❶
- 1966.3. __________[2]❷
  (베트남 파병의 대가로 __________[3]으로부터 군사·경제 원조)
- 1966.7. 한·미 행정 협정(SOFA)
- 1967 제2차 경제 개발 5개년 계획 실시
- 1968.1. 1·21 사태(__________[4] 습격 사건)

[북한의 도발]
- 1968 푸에블로호 납치 사건
  울진·삼척 무장 공비 침투 사건
- 1976 __________[5] 도끼 만행 사건
- 1983 아웅산 폭탄 테러 사건
- 1987 __________[6] 858편 폭파 사건
- 1996 강릉 무장 공비 침투 사건
- 1999 제1차 연평 해전
- 2002 제2차 연평 해전
- 2010 __________[7] 사건
  연평도 포격 사건

- 1968.12. 국민 교육 헌장 선포
- 1969 __________[8] 발표
  → 냉전 체제 완화
- **1969.10.** 3선 개헌
  (제6차 개헌, 대통령 __________[9] 허용)

1970

- 1970.4. __________[10] 운동 시작
- **1970.7.** __________[11] 고속 국도 개통
- 1970.8. 8·15 선언(평화 통일 구상 선언)
  : 남북한의 평화 공존과 선의의 경쟁 제안
- **1970.11.** 전태일 분신 사건❸
- 1971.4. 제7대 대선(박정희가 겨우 당선됨)
- 1971.8. 광주 대단지 사건
- 1972 제3차 경제 개발 5개년 계획 실시
- **1972.7.** 7·4 남북 공동 성명❹

[7·4 남북 공동 성명]
- 내용 : 통일 3대 원칙(자주·평화·__________[12]) 합의, __________[13] 설치, 서울-평양 간 직통 전화 개설
- 한계 : 남·북 독재 체제 강화에 이용

- 1972.8. 8·3 긴급 금융 조치(기업의 대출 상환 동결 → 대기업에 특혜 제공)
- 최초의 __________[14] 회담 개최
- 1972.10. 10월 유신 선포❺(10. 27.)
- **1972.12.** 유신 헌법❻(제7차 개헌) 공포

[유신 헌법]
- 대통령 간선제 : __________[15]에서 간접 선거, __________[16] 제한 폐지
- 대통령의 권한 강화 : 긴급 조치권, __________[17] 해산권, 국회의원 1/3 지명권, 법관 임명권

사료까지 한 번에 총정리!

❶ 한·일 협정(한·일 기본 조약)

대한민국과 일본국은 양국 국민 관계의 역사적 배경을 고려하며, 선린 관계 및 주권 상호 존중의 원칙에 입각한 양국 간의 관계의 정상화를 상호 희망함을 고려하고, …… 본 기본 관계에 관한 조약을 체결하기로 결정하고 …… 양호 타당하다고 인정한 후 다음의 조항에 합의하였다.

제1조 양 체약 당사국 간에 외교 및 영사 관계를 수립한다. 양 체약 당사국은 대사급 외교 사절을 지체 없이 교환한다. 또한 양 체약 당사국은 양국 정부에 의하여 합의되는 장소에 영사관을 설치한다.

제2조 **1910년 8월 22일 및 그 이전에 대한 제국과 일본 제국 간에 체결된 모든 조약 및 협정이 이미 무효임을 확인한다.**

제3조 대한민국 정부가 국제 연합 총회의 결정에서 명시된 바와 같이 한반도에 있어서 유일한 합법 정부임을 확인한다.

❷ 브라운 각서

[군사 원조]

1. 한국에 있는 **한국군의 현대화** 계획을 위해 앞으로 수년 동안에 걸쳐 **상당량의 장비를 제공**한다.
2. 월남에 파견되는 추가 증파 병력에 필요한 장비를 제공하는 한편, 증파에 따른 모든 추가적 원화 경비를 부담한다.

[경제 원조]

3. 주월 한국군에 소요되는 보급 물자, 용역 및 장비를 실시할 수 있는 한도까지 한국에서 구매하며, 주월 미군과 월남군을 위한 물자 가운데 선정된 구매 품목을 한국에서 발주한다.
4. 수출을 진흥시키기 위한 모든 분야에서 **한국에 대한 기술 원조**를 강화한다.

❸ [18] 분신 사건

지난 13일 하오 서울 시내 중구 **청계천 6가**에 있는 평화 시장, 동대문 시장, 통일 상가 등의 종업원 5백여 명이 근로 조건의 개선을 요구하는 데모를 벌이려다 경찰의 제지를 받자 **재단사 친목회 대표가 몸에 휘발유를 뿌리고 분신 자살하였다.** …… 이곳에서 일하고 있는 2만 7천여 명의 종업원들은 작업 환경이 나빠 대부분 안질환, 신경성 위장병 등에 걸려있을 뿐 아니라 낮은 임금에 혹사당하고 있다. – 중앙일보, 1970. 11.

❹ [19]

1. 쌍방은 다음과 같은 조국 통일 원칙들에 합의를 보았다.
   첫째, 통일은 외세에 의존하거나 외세의 간섭을 받음이 없이 **자주적**으로 해결한다.
   둘째, 통일은 서로 상대방을 반대하는 무력 행사에 의거하지 않고 **평화적** 방법으로 실현한다.
   셋째, 사상과 이념·제도의 차이를 초월하여 하나의 민족으로서 **민족적 대단결**을 도모한다.
4. 쌍방은 돌발적 군사 사고를 방지하고 남북 사이에 제기되는 문제들을 직접, 신속 정확히 처리하기 위하여 서울과 평양 사이에 **상설 직통 전화**를 놓기로 합의하였다.
5. 쌍방은 … **남북 조절 위원회**를 구성·운영하기로 합의하였다.

❺ 유신 선포([20] 대통령의 특별 담화문)

국민 여러분! 이제 일대 개혁의 불가피성을 염두에 두고 우리의 정치 현실을 직시할 때, 나는 정상적인 방법으로는 도저히 이 같은 개혁이 이루어질 수 없다는 판단을 내리게 되었습니다. …… 따라서, 나는 국민적 정당성을 대표하는 대통령으로서 나에게 부여된 역사적 사명에 충실하기 위해 부득이 **정상적인 방법이 아닌 비상조치**로써 남북 대화의 적극적인 전개와 주변 정세의 급변하는 사태에 대처하기 위한 **우리 실정에 가장 알맞은 체제 개혁을 단행**하여야 하겠다는 결심을 하기에 이르렀습니다. 이에 나는 평화 통일이라는 민족의 염원을 구현하기 위하여 …… 다음과 같은 약 2개월간의 헌법 일부 조항의 효력을 중지시키는 **비상조치**를 국민 앞에 선포하는 바입니다.

❻ [21] 헌법

제39조 대통령은 **통일 주체 국민회의**에서 토론 없이 무기명 투표로 선거한다.

제40조 통일 주체 국민회의는 **국회의원 정수의 3분의 1**에 해당하는 수의 국회의원을 선거한다. 이 국회의원 후보는 **대통령이 일괄 추천**한다.

제53조 대통령은 천재지변 또는 중대한 재정·경제상의 위기에 처하거나, 국가의 안전 보장 또는 공공의 안녕질서가 중대한 위협을 받거나 받을 우려가 있어 신속한 조치를 할 필요가 있다고 판단할 때에는 내정·외교·국방·경제·재정·사법 등 국정 전반에 걸쳐 필요한 **긴급 조치**를 할 수 있다.

정답 1 베트남 2 브라운 각서 3 미국 4 청와대 5 판문점 6 대한항공 7 천안함 8 닉슨 독트린 9 3선 연임 10 새마을 11 경부 12 민족 대단결 13 남북 조절 위원회 14 남북 적십자 15 통일 주체 국민회의 16 중임 17 국회 18 전태일 19 7·4 남북 공동 성명 20 박정희 21 유신

03 현대 ⑤

1970

1973.6. — 6·23 평화 통일 외교 선언
(남북 유엔 동시 가입 제의, 공산 국가에 대한 문호 개방 선언)

1973.8. — ______[1] 납치 사건

1973.12. — 개헌 청원 ______[2] 서명 운동

1974.4. — 민청학련 사건
- 제2차 (재건) 인민 혁명당 사건

1974.8. — 평화 통일 3대 기본 원칙 발표
(평화 정착, 상호 신뢰 조성, 토착 인구 비례에 의한 남북한 총선거 실시)

1974.10. — 자유 언론 실천 선언❶
→ ______[3] 백지 광고 사태

1975.5. — 긴급 조치 제9호❷

1976 — 3·1 민주 구국 선언❸

1977 — 제4차 경제 개발 5개년 계획 실시
- 수출 ______[4] 달러 달성

1979.8. — ______[5] 무역 사건

1979.10. — 부·마 민주 항쟁
- ______[6]
(중앙정보부장 ______[7]가 박정희를 살해)
→ ______[8] 체제 붕괴

1979.12. — ______[9]
(전두환, 노태우 등 신군부 세력의 정권 장악)

1980

1980.5. — 5·18 민주화 운동❹
→ 신군부의 무력 진압
→ 다수의 사상자 발생

1980.8. — 제11대 대통령 ______[10] 선출
(통일 주체 국민회의)

1980.10. — 제8차 개헌
(____[11]년 단임제, 대통령 간선제)

1981.2. — 제12대 대통령 전두환 선출
(대통령 선거인단)

1982 — 민족 화합 민주 통일 방안
(통일 헌법 제정 및 통일 정부 수립 주장)

1983.6. — 이산가족 찾기 TV 생방송

1985 — ______[12] 고향 방문
(남북 이산가족 상봉, 예술단 교환 공연)

1986 — 서울 아시안 게임 개최

1987.6. — 6월 민주 항쟁

> **[6월 민주 항쟁]**
> - 전개 : 대통령 직선제를 위한 1천만 서명 운동 전개(1985. 12.) → ______[13] 고문 치사 사건(1987. 1.) → 전두환 정부가 4·13 호헌 조치 발표(현행 헌법 고수) → ______[14] 최루탄 피격 사건(1987. 6. 9.) → ______[15] 국민대회❺ 개최 → 전국으로 시위 확대
> - 결과 : 노태우, ______[16] 선언❻ 발표 → ____[17]년 단임제, 대통령 ______[18] 개헌

사료까지 한 번에 총정리!

❶ 자유 언론 실천 선언

1. 신문, 방송, 잡지에 대한 어떠한 간섭도 배제한다.
2. 기관원의 출입을 엄격히 거부한다.
3. 언론인의 불법 연행을 거부한다.

❷ ________[19] 제9호

1. 다음 각 호의 행위를 금한다.
   가. 유언비어를 날조, 유포하거나 사실을 왜곡하여 전파하는 행위
   나. 집회·시위 또는 신문, 방송, 통신 등 공중 전파 수단이나 문서, 도화, 음반 등 표현물에 의하여 **대한민국 헌법을 부정·반대·왜곡 또는 비방하거나 그 개정 또는 폐지를 주장·청원·선동 또는 선전하는 행위**
   다. 학교 당국의 지도, 감독하에 행하는 수업, 연구 또는 학교장의 사전 허가를 받았거나 기타 예외적 비정치적 활동을 제외한 **학생의 집회·시위 또는 정치 관여 행위**
   라. 이 조치를 공연히 비방하는 행위
8. 이 조치 또는 이에 의한 주무부 장관의 조치에 위반한 자는 법관의 영장 없이 체포·구속·압수 또는 수색할 수 있다.

❸ ________[20] 선언

오늘로 **3·1절 쉰일곱 돌을** 맞으면서 …… 삼권 분립은 허울만 남았다. 국가 안보라는 구실 아래 신앙과 양심의 자유는 날로 위축되어 가고 언론의 자유와 학원의 자주성은 압살당하고 말았다. …… 우리의 비원인 민족 통일을 향해서 국내외로 민주 세력을 키우고 규합하여 한 걸음 한 걸음 착실히 전진해야 할 마당에 이 나라는 **1인 독재 아래 인권은 유린되고 자유는 박탈당하고 있다.** 우리는 이를 보고 있을 수 없어 …… 이 나라의 먼 앞날을 내다보면서 민주 구국 선언을 선포하는 바이다.

1. **이 나라는 민주주의의 기반 위에 서야 한다.**
2. 경제 입국 구상과 자세가 근본적으로 검토되어야 한다.
3. 민족 통일은 오늘 이 겨레가 짊어진 최대의 과업이다.

– 3·1 민주 구국 선언

❹ 광주 시민 궐기문(1980. 5. 25.)

우리는 왜 총을 들 수밖에 없었는가? 그 대답은 너무나 간단합니다. 너무나 무자비한 만행을 더 이상 보고 있을 수만 없어서 너도나도 총을 들고 나섰던 것입니다. …… **계엄 당국은 18일 오후부터 공수 부대를 대량 투입**하여 시내 곳곳에서 학생, 젊은이들에게 무차별 살상을 자행하였으니! …… 우리는 이 고장을 지키고 우리 부모 형제를 지키고자 손에 손에 총을 들었던 것입니다. 그런데도 정부와 언론에서는 계속 불순배, 폭도로 몰고 있습니다. 여러분! 잔인무도한 만행을 일삼았던 계엄군이 폭도입니까? 이 고장을 지키겠다고 나선 우리들이 폭도입니까?

❺ 6·10 국민 대회 선언

오늘 우리는 전 세계 이목이 주시하는 가운데 **40년 독재 정치를 청산**하고 희망찬 민주 국가를 건설하기 위한 거보를 전 국민과 함께 내딛는다. 국가의 미래요 소망인 꽃다운 **젊은이를 야만적인 고문으로 죽여 놓고** 그것도 모자라 뻔뻔스럽게 국민을 속이려 했던 현 정권에게 국민의 분노가 무엇인지를 분명히 보여주고, 국민적 여망인 개헌을 일방적으로 파기한 **4·13 폭거를 철회**시키기 위한 민주 장정을 시작한다.

❻ 6·29 민주화 선언

첫째, 여야 합의하에 조속히 **대통령 직선제로 개헌**하고 새 헌법에 의한 대통령 선거를 통하여 1988년 2월 평화적 정부 이양을 실현하도록 해야겠습니다.

둘째, 직선제 개헌이라는 제도의 변경뿐만 아니라, 이의 민주적 실천을 위하여는 자유로운 출마와 공정한 경쟁이 보장되어 국민의 올바른 심판을 받을 수 있는 내용으로 대통령 선거법을 개정하여야 한다고 봅니다. 또한 새로운 법에 따라, 선거 운동, 투표 과정 등에 있어서 최대한의 공명정대한 선거 관리가 이루어져야 합니다.

셋째, 자유 민주주의적 기본 질서를 부인한 반국가 사범이나 살상, 방화, 파괴 등으로 국가를 흔들었던 극소수를 제외한 모든 시국 관련 사범들도 석방되어야 합니다.

정답 1 김대중 2 백만인 3 동아일보 4 100억 5 YH 6 10·26 사태 7 김재규 8 유신 9 12·12 사태 10 전두환 11 7 12 이산가족 13 박종철 14 이한열 15 6·10 16 6·29 민주화 17 5 18 직선제 19 긴급 조치 20 3·1 민주 구국 선언

03 현대 ⑥

1980

- 1987.10. • 제9차 개헌 (5년 단임제, 대통령 직선제)
- 1987.12. • 제13대 대선 (대통령 : ______[1])
- 1988 • 서울 ______[2] 개최
  - • 7·7 선언 (민족자존과 통일 번영을 위한 특별 선언)
- 1989.9. • 한민족 공동체 통일 방안 (자주·평화·민주의 3대 원칙 채택, 남북 국가 연합 제시)

1990

- 1990 • 3당 합당 → ______[3] 창당
- 1991 • 지방 자치제 ______[4] 실시
- **1991.9.** • 남북 ______[5] 동시 가입
- **1991.12.** • 남북 기본 합의서❶ 채택
  - • ILO (국제 노동 기구) 가입
  - • 한반도 비핵화 공동 선언❷ 채택
- 1993.2. • 김영삼, 제14대 대통령 취임❸
- 1993.6. • ______[6] 재산 등록 법제화
- **1993.8.** • ______[7] 실명제 실시
- 1994.4. • 우루과이 라운드 (UR) 타결
- 1994.8. • 민족 공동체 통일 방안
  : 한민족 공동체 통일 방안(1989)과 3단계 3기조 통일 방안(1993) 정책 수렴
- 1995 • ______[8] 전면 실시
  - • ______[9] (한반도 에너지 개발 기구) 설치
- 1996 • ______[10] (경제 협력 개발 기구) 가입
- **1997** • ______[11] (국제 통화 기금) 외환 위기❹
- 1998.2. • 김대중, 제15대 대통령 취임
- 1998.11. • 금강산 ______[12] 관광 시작

2000

- **2000** • 최초의 ______[13]
  → 6·15 남북 공동 선언❺ 발표
- 2001 • 남북 이산가족 첫 서신 교환
- 2003.2. • 노무현, 제16대 대통령 취임
- 2003.9. • 금강산 ______[14] 관광 시작
- **2007** • 제2차 남북 정상 회담
  → ______[15] 남북 공동 선언❻ 발표
  (남북 관계 발전과 평화 번영을 위한 선언)
- 2008 • ______[16], 제17대 대통령 취임
- 2013 • 박근혜, 제18대 대통령 취임
- 2017 • 문재인, 제19대 대통령 취임

사료까지 한 번에 총정리!

❶ [17]

남과 북은 … 7·4 남북 공동 성명에서 천명된 **조국 통일 3대 원칙을 재확인**하고, 정치 군사적 대결 상태를 해소하여 민족적 화해를 이룩하고, 무력에 의한 침략과 충돌을 막고 긴장 완화와 평화를 보장하며 …… (남북) **쌍방의 관계가 나라와 나라 사이의 관계가 아닌 통일을 지향하는 과정에서 잠정적으로 형성되는 특수 관계라는 것을 인정**하고 평화 통일을 성취하기 위한 공동의 노력을 경주할 것을 다짐하면서 다음과 같이 합의하였다.

제1조 남과 북은 서로 상대방의 체제를 인정하고 존중한다.
제9조 남과 북은 상대방에 대하여 무력을 사용하지 않으며, 상대방을 무력으로 침략하지 아니한다.
제12조 불가침의 이행과 보장을 위하여 …… **남북 군사 공동 위원회**를 구성·운영한다.

❷ 한반도 [18] 공동 선언

남과 북은 한반도를 비핵화함으로써 핵전쟁 위험을 제거하고 우리나라의 평화와 평화 통일에 유리한 조건과 환경을 조성하며 아시아와 세계의 평화와 안전에 이바지하기 위하여 다음과 같이 선언한다.

1. 남과 북은 핵무기의 시험, 제조, 생산, 접수, 보유, 저장, 배치, 사용을 하지 아니한다.
2. 남과 북은 핵에너지를 오직 평화적 목적에만 이용한다.
3. 남과 북은 핵 재처리 시설과 우라늄 농축 시설을 보유하지 아니한다.
4. 남과 북은 한반도의 비핵화를 검증하기 위하여 상대측이 선정하고 쌍방이 합의하는 대상들에 대하여 남북 핵 통제 공동 위원회가 규정하는 절차와 방법으로 사찰을 실시한다.

❸ [19] 대통령 취임사

오늘 우리는 그렇게도 애타게 바라던 **문민 민주주의의 시대**를 열기 위하여 이 자리에 모였습니다. 오늘을 맞이하기 위해 30년의 세월을 기다려야 했습니다. 마침내 **국민에 의한, 국민의 정부**를 이 땅에 세웠습니다. 오늘 탄생되는 정부는 민주주의에 대한 국민의 불타는 열망과 거룩한 희생으로 이루어졌습니다. 민주주의에 대한 저 자신의 열정과 고난이 배어있는 이 국회의사당 앞에서 오늘 저는 벅찬 감회를 억누를 길이 없습니다.

❹ 국제 통화 기금(IMF) 지원 요청 발표문

정부는 최근 겪고 있는 금융, 외환 시장에서의 어려움을 극복하기 위해 IMF에 유동성 조절 자금을 지원해 줄 것을 요청하기로 결정했습니다. …… IMF 자금을 지원받을 경우 대외 신인도 제고에 따른 시장 불안 심리의 해소로 현재 당면하고 있는 유동성 상태가 조속한 시일 안에 해결될 것으로 기대합니다.

❺ [20] 남북 공동 선언

1. 남과 북은 나라의 통일 문제를 그 주인인 우리 민족끼리 서로 힘을 합쳐 자주적으로 해결해 나가기로 하였다.
2. 남과 북은 나라의 통일을 위한 **남측의 연합제 안과 북측의 낮은 단계의 연방제 안이 서로 공통성이 있다고 인정**하고 앞으로 이 방향에서 통일을 지향시켜 나가기로 하였다.
3. 남과 북은 올해 8·15에 즈음하여 흩어진 가족, 친척 방문단을 교환하며, 비전향 장기수 문제를 해결하는 등 인도적 문제를 조속히 풀어나가기로 하였다.
4. 남과 북은 경제 협력을 통하여 민족 경제를 균형적으로 발전시키고, 사회·문화·체육·보건·환경 등 제반 분야의 협력과 교류를 활성화하여 서로의 신뢰를 다져 나가기로 하였다.

❻ 10·4 남북 공동 선언

제1조 남과 북은 6·15 공동 선언을 고수하고 적극 구현해 나간다.
제2조 남과 북은 사상과 제도의 차이를 초월하여 남북 관계를 상호 존중과 신뢰 관계로 확고히 전환시켜 나가기로 하였다.
제4조 남과 북은 군사적 적대 관계를 종식시키고 한반도에서 긴장 완화와 평화를 보장하기 위해 긴밀히 협력하기로 하였다.

정답 1 노태우 2 88 올림픽 3 민주 자유당 4 북방 5 유엔 6 운전자 7 금융 8 지방 자치제 9 KEDO 10 OECD 11 IMF 12 햇볕 13 남북 정상 회담 14 통일 15 10·4 16 이명박 17 남북 기본 합의서 18 비핵화 19 김영삼 20 6·15

해커스공무원 이중석 맵핑 한국사
연표-사료 블랭크노트

부록

01 유네스코 세계 유산

유네스코 세계 문화유산

* 연도: 세계 유산 등재 연도

연도			
1995	해인사 장경판전		• 팔만대장경 목판을 보관하기 위해 지은 조선 시대 건축물 • 통풍과 방습, 온도 유지 기술이 뛰어나 현재까지 대장경판이 잘 보존될 수 있었음
	종묘		• 조선의 왕과 왕비 및 추존된 왕과 왕비의 신주를 모시고 제사를 지내던 사당 • 건축물과 함께 제사, 음악, 무용 등이 무형유산으로 함께 보존됨
	불국사		경덕왕 때 김대성의 발원으로 불국토를 실현하기 위해 건립
	석굴암		• 경덕왕 때 김대성의 발원으로 건립 • 본존불을 모시기 위해 화강암으로 만든 인공 석굴
1997	창덕궁		• 광해군 때부터 고종 때까지 임금이 정사를 보던 정궁 • 가장 오랜 기간 왕이 거처한 궁궐 • 자연과 건물이 조화롭게 배치된 후원이 특징
	수원 화성		• 정조가 건설하려 한 이상 도시로, 군사적·상업적 기능 보유 • 정약용이 거중기와 같은 과학 기구를 활용하여 건축
2000	고창·화순·강화 고인돌 유적	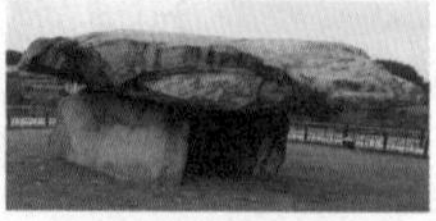	고창, 화순, 강화 세 지역에 남아 있는 고인돌 고분
	경주 역사 유적 지구	 ▲ 첨성대	• 경주에 흩어져 있는 신라의 유적으로, 남산 지구, 월성 지구, 대릉원 지구, 황룡사 지구, 산성 지구로 구성됨 • 대표 유적지 및 유물 - 남산 지구: 경주 배동 석조여래 삼존 입상, 포석정 등 - 월성 지구: 계림, 월성, 안압지, 첨성대 등 - 대릉원 지구: 미추왕릉, 대릉원 일원 등 - 황룡사 지구: 황룡사지, 분황사 모전 석탑 - 산성 지구: 명활산성 등 방어용 산성이 위치함

연도	유산	사진	내용
2007	제주 화산섬과 용암 동굴		• 제주도에 위치한 한국 최초의 세계 자연유산 지구 • 거문오름 용암 동굴계, 성산 일출봉 응회구, 한라산 천연 보호 구역의 세 구역으로 구성됨
2009	조선 왕릉		• 조선의 왕과 왕비 및 추존된 왕, 왕비의 무덤 • 북한에 있는 것과 연산군·광해군의 무덤을 제외하고는 모두 등재됨
2010	한국의 역사 마을 : 하회와 양동		• 안동의 하회 마을과 경주의 양동 마을 • 조선 초기의 유교적 양반 문화를 확인할 수 있는 씨족 마을
2014	남한 산성		• 유사시 임시 수도의 기능을 담당할 수 있게 축조됨 • 병자호란 때 인조가 피난간 곳
2015	백제 역사 유적 지구	 ▲ 부여 정림사지  ▲ 익산 미륵사지 석탑	• 백제의 옛 수도였던 공주시, 부여군과 천도를 시도했다고 알려진 익산시의 역사 유적 • 대표 유적지 - **공산성(공주)**: 웅진(공주)을 지키던 백제의 산성 - **송산리 고분군(공주)**: 웅진 시기 백제 왕들의 무덤이 모여 있는 곳 - **관북리 유적(부여)**: 사비 시기의 왕궁지로 알려짐 - **부소산성(부여)**: 부여 부소산을 감싸고 있는 산성 - **능산리 고분군(부여)**: 사비 시기 백제 왕들의 무덤 - **정림사지(부여)**: 정림사 터로, 정림사지 5층 석탑이 남아 있음 - **나성(부여)**: 수도인 사비를 보호하기 위해 쌓은 성 - **왕궁리 유적(익산)**: 익산 왕궁리에 위치한 유적, 무왕 때 익산으로 천도를 시도했다는 익산 천도설이 제기됨 - **미륵사지(익산)**: 미륵사지 석탑이 위치함
2018	산사, 한국의 산지 승원	 ▲ 영주 부석사	• 한국 불교의 깊은 역사성을 보여주는 7곳의 산지 승원 • 양산 통도사, 영주 부석사, 안동 봉정사, 보은 법주사, 공주 마곡사, 순천 선암사, 해남 대흥사
2019	한국의 서원	 ▲ 영주 소수서원	• 16세기 중반~17세기 중반 향촌 지식인인 사림에 의해 건립된 조선 시대의 성리학 교육 시설 • 영주 소수 서원, 함양 남계 서원, 경주 옥산 서원, 안동 도산 서원, 장성 필암 서원, 대구 달성 도동 서원, 안동 병산 서원, 정읍 무성 서원, 논산 돈암 서원 등 9곳의 서원으로 구성됨
2021	한국의 갯벌	-	충남 서천 갯벌, 전북 고창 갯벌, 전남 신안 갯벌, 전남 보성·순천 갯벌
2023	가야 고분군		• 한반도에 존재했던 고대 문명 가야를 대표하는 7개의 고분군 • 전북 남원 유곡리와 두락리 고분군, 경북 고령 지산동 고분군, 경남 김해 대성동 고분군, 경남 함안 말이산 고분군, 경남 창녕 교동과 송현동 고분군, 경남 고성 송학동 고분군, 경남 합천 옥전 고분군

01 유네스코 세계 유산

유네스코 세계 기록유산

* 연도: 세계 유산 등재 연도(2021년 1월 기준)

1997	『훈민정음(해례본)』	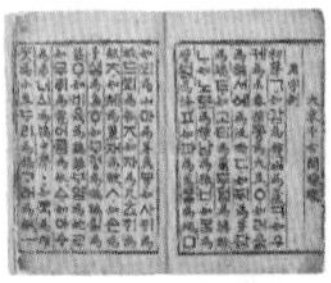	• 조선 시대 세종과 집현전 학자들이 창제한 문자 • 집현전 학자들이 세종의 명으로 훈민정음에 대하여 설명한 일종의 한문 해설서를 편찬 → 이 책의 이름을 '훈민정음' 또는 '훈민정음 해례본'이라 함
	『조선왕조실록』		• 왕의 사후에 춘추관 내에 설치된 실록청에서 사관들이 작성한 「사초」를 기본으로 『시정기』, 『승정원일기』, 『의정부등록』, 『비변사등록』, 『일성록』 등을 통합하여 편찬한 편년체 사서 • 조선 시대의 정치, 외교, 군사, 제도, 법률 등 각 방면의 역사적 사실을 망라하고 있어 세계적으로 유례가 없는 귀중한 역사 기록물
2001	『(불조)직지심체요절』(하권)	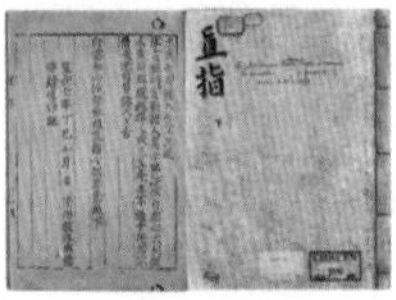	• 1377년 청주 흥덕사에서 금속 활자로 인쇄 • 현존하는 세계에서 가장 오래된 금속 활자 인쇄본 • 현재 프랑스 국립 도서관에 소장되어 있음
	『승정원일기』		• 조선 시대의 왕명 출납 기관인 승정원의 업무를 일기 형식으로 기록한 세계 최대의 연대 기록물 • 당시의 정치·경제·국방·사회·문화 등을 그대로 기록한 조선 시대의 1차 사료라는 데 가치가 있음
2007	조선 왕조 『의궤』	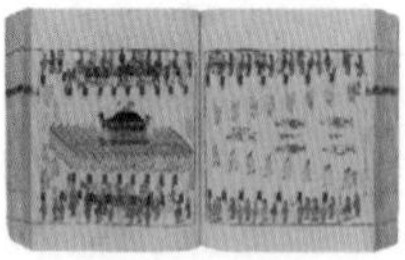	• 조선 시대 왕실의 주요 행사인 결혼식, 장례식, 연회, 사신 영접 등과 국가의 건축 사업 등에 대한 내용을 그림과 글로 기록한 것 • 강화도의 외규장각에서 보관하던 중 병인양요 때 프랑스에 약탈당함 → 2011년에 대여 형식으로 반환됨
	고려대장경판 및 제경판		고려 시대에 몽골이 침입하자, 부처의 힘으로 몽골의 침입을 극복하고자 강화도에서 제작
2009	『동의보감』		• 광해군 때 허준이 저술한 의학 서적 • 동양 의학을 집대성한 백과사전식 의서

연도	기록물	사진	내용
2011	『일성록』		• 정조가 세손 시절부터 일상생활과 학업 성과를 일기 형식으로 기록한 것 → 정조 즉위 후 공식적인 국정 일기로 전환됨. • 1760년(영조 36)부터 1910년(융희 4)까지 151년간의 국정에 관한 제반 사항들이 기록되어 있는 일기
	5·18 민주화 운동 기록물	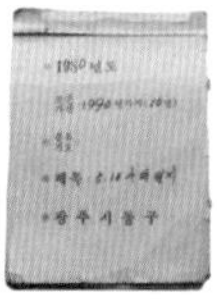	5·18 민주화 운동의 발발과 진압, 이후의 진상 규명 및 보상 등과 관련된 자료를 포함하는 기록물
2013	『난중일기』	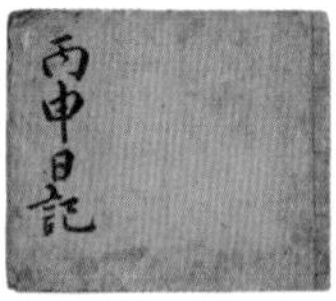	• 이순신 장군이 임진왜란(1592~1598) 때에 진중에서 저술한 친필 일기 • 개인이 일기 형식으로 남긴 기록이지만, 전쟁 중에 군의 지휘관이 전투 상황과 개인의 소감을 직접 기록하였다는 점에서 역사적 가치가 높음
	새마을 운동 기록물		새마을 운동(1970~1979)에 관한 정부의 행정 문서와 성공 사례 원고, 편지, 교재, 관련 사진과 영상 등의 자료
2015	한국의 유교 책판	-	• 조선 시대에 718종의 유교 서책을 간행하기 위해 판각한 책판 • 문학, 정치, 경제, 철학, 대인 관계 등 다양한 분야를 다루고 있음
	'이산가족을 찾습니다' 기록물	-	• 1983년 KBS에서 남한 내에서 흩어진 이산가족을 찾기 위해 138일 동안 방영된 특별 생방송 • 생방송한 비디오 녹화 원본 테이프, 담당 프로듀서 업무 수첩, 이산가족이 직접 작성한 신청서, 일일 방송 진행표, 큐시트, 기념 음반, 사진 등의 기록물
2017	조선 왕실 어보와 어책	-	조선 왕실에서 책봉하거나 존호를 수여할 때 제작한 금·은·옥에 명칭을 새긴 의례용 도장인 어보와, 세자와 세자빈의 책봉, 비와 빈의 직위 하사 때 내린 교서인 어책
	조선 통신사 기록물	-	1607년부터 1811년까지 일본 에도 막부의 초청으로 총 12회에 걸쳐 파견되었던 조선 통신사에 관한 기록물
	국채 보상 운동 기록물	-	1907년부터 1910년까지 일어난 국채 보상 운동의 전 과정을 보여주는 기록물
2023	4·19 혁명 기록물	-	4·19 혁명 운동 당시의 부상자의 개별 기록서, 신문 기사 등 문서, 사진 자료
	동학 농민 운동 기록물	-	동학 농민 운동 당시 동학 농민군의 편지, 전봉준 공초 등의 자료

02 왕 계보

고구려 (기원전 37 ~ 기원후 668)

* 연도: 왕 즉위 연도

BC 37 — 1대 **동명(성)왕** (기원전 37~기원후 19)

BC 19 — 2대 **유리왕** (기원전 19~기원후 18)

3대 대무신왕

4대 민중왕

5대 모본왕

53 — 6대 **태조왕** (53~146)

7대 차대왕

8대 신대왕

179 — 9대 **고국천왕** (179~197)

10대 산상왕

227 — 11대 **동천왕** (227~248)

12대 중천왕

13대 서천왕

14대 봉상왕

300 — 15대 **미천왕** (300~331)

331 — 16대 **고국원왕** (331~371)

371 — 17대 **소수림왕** (371~384)

18대 고국양왕

391 — 19대 **광개토 대왕** (391~412)

412 — 20대 **장수왕** (412~491)

491 — 21대 **문자(명)왕** (491~519)

22대 안장왕

23대 안원왕

24대 양원왕

25대 평원왕

590 — 26대 **영양왕** (590~618)

618 — 27대 **영류왕** (618~642)

642 — 28대 **보장왕** (642~668)

백제 (기원전 18 ~ 기원후 660)

* 연도: 왕 즉위 연도

BC 18 — 1대 **온조왕** (기원전 18~기원후 28)
2대 다루왕
3대 기루왕
4대 개루왕
5대 초고왕
6대 구수왕
7대 사반왕
234 — 8대 **고이왕** (234~286)
9대 책계왕
10대 분서왕
11대 비류왕
12대 계왕
346 — 13대 **근초고왕** (346~375)
14대 근구수왕
384 — 15대 **침류왕** (384~385)
16대 진사왕
392 — 17대 **아신왕** (392~405)
18대 전지왕
19대 구이신왕

427 — 20대 **비유왕** (427~455)
455 — 21대 **개로왕** (455~475)
475 — 22대 **문주왕** (475~477)
23대 삼근왕
479 — 24대 **동성왕** (479~501)
501 — 25대 **무령왕** (501~523)
523 — 26대 **성왕** (523~554)
27대 위덕왕
28대 혜왕
29대 법왕
600 — 30대 **무왕** (600~641)
641 — 31대 **의자왕** (641~660)

02 왕 계보

신라 (기원전 57~기원후 935)

* 연도: 왕 즉위 연도

BC 57 — 1대 **혁거세 거서간** (기원전 57~기원후 4)

2대 남해 차차웅

3대 유리 이사금

4대 탈해 이사금

5대 파사 이사금

6대 지마 이사금

7대 일성 이사금

8대 아달라 이사금

9대 벌휴 이사금

10대 내해 이사금

11대 조분 이사금

12대 첨해 이사금

13대 미추 이사금

14대 유례 이사금

15대 기림 이사금

16대 흘해 이사금

356 — 17대 **내물 마립간** (356~402)

18대 실성 마립간

417 — 19대 **눌지 마립간** (417~458)

20대 자비 마립간

479 — 21대 **소지 마립간** (479~500)

500 — 22대 **지증왕** (500~514)

514 — 23대 **법흥왕** (514~540)

540 — 24대 **진흥왕** (540~576)

25대 진지왕

579 — 26대 **진평왕** (579~632)

632 — 27대 **선덕여왕** (632~647)

647 — 28대 **진덕여왕** (647~654)

654 — 29대 **무열왕** (654~661)

661 — 30대 **문무왕** (661~681)

681 — 31대 **신문왕** (681~692)

32대 효소왕

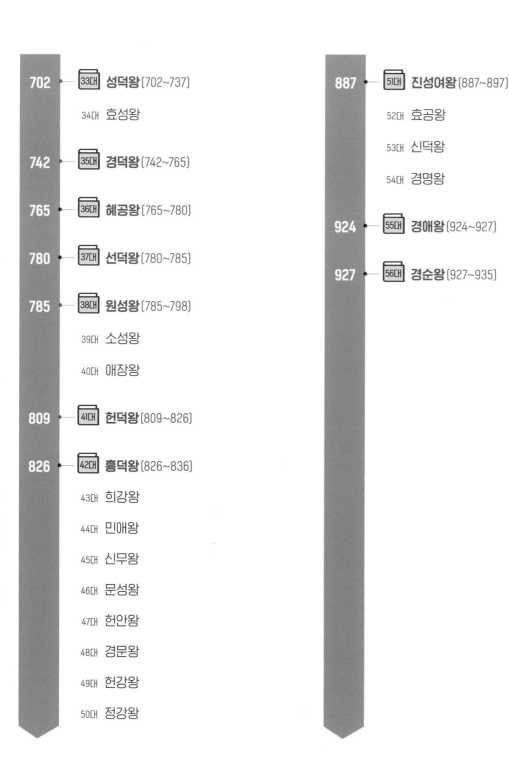

702 33대 **성덕왕**(702~737)

34대 효성왕

742 35대 **경덕왕**(742~765)

765 36대 **혜공왕**(765~780)

780 37대 **선덕왕**(780~785)

785 38대 **원성왕**(785~798)

39대 소성왕

40대 애장왕

809 41대 **헌덕왕**(809~826)

826 42대 **흥덕왕**(826~836)

43대 희강왕

44대 민애왕

45대 신무왕

46대 문성왕

47대 헌안왕

48대 경문왕

49대 헌강왕

50대 정강왕

887 51대 **진성여왕**(887~897)

52대 효공왕

53대 신덕왕

54대 경명왕

924 55대 **경애왕**(924~927)

927 56대 **경순왕**(927~935)

02 왕 계보

발해 (698~926)

698 — 1대 **고왕** (698~719)

719 — 2대 **무왕** (719~737)

737 — 3대 **문왕** (737~793)

4대 폐왕 대원의

793 — 5대 **성왕** (793~794)

6대 강왕

7대 정왕

8대 희왕

9대 간왕

818 — 10대 **선왕** (818~830)

11대 대이진

12대 대건황

13대 대현석

14대 대위해

906 — 15대 **대인선** (906~926)

고려 (918~1392)

* 연도: 왕 즉위 연도

918 — 1대 **태조** (918~943)

943 — 2대 **혜종** (943~945)

945 — 3대 **정종** (945~949)

949 — 4대 **광종** (949~975)

975 — 5대 **경종** (975~981)

981 — 6대 **성종** (981~997)

997 — 7대 **목종** (997~1009)

1009 — 8대 **현종** (1009~1031)

9대 덕종

10대 정종

1046 — 11대 **문종** (1046~1083)

12대 순종

13대 선종

14대 헌종

1095 — 15대 **숙종** (1095~1105)

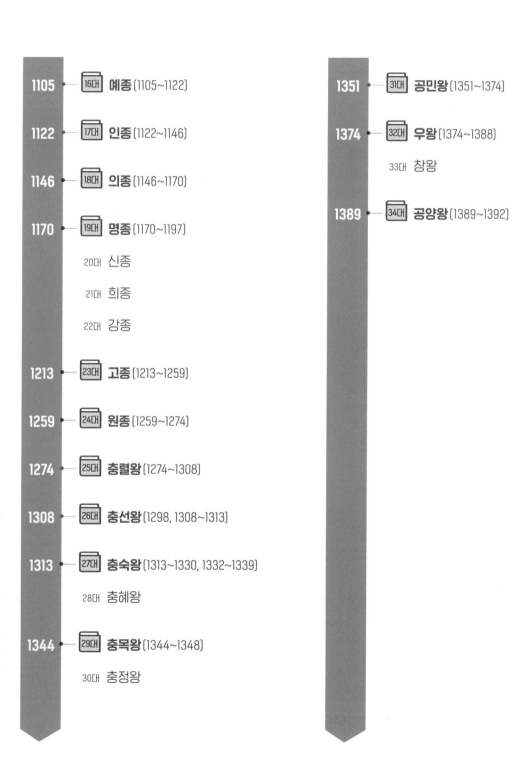

1105 16대 **예종**(1105~1122)

1122 17대 **인종**(1122~1146)

1146 18대 **의종**(1146~1170)

1170 19대 **명종**(1170~1197)

20대 신종

21대 희종

22대 강종

1213 23대 **고종**(1213~1259)

1259 24대 **원종**(1259~1274)

1274 25대 **충렬왕**(1274~1308)

1308 26대 **충선왕**(1298, 1308~1313)

1313 27대 **충숙왕**(1313~1330, 1332~1339)

28대 충혜왕

1344 29대 **충목왕**(1344~1348)

30대 충정왕

1351 31대 **공민왕**(1351~1374)

1374 32대 **우왕**(1374~1388)

33대 창왕

1389 34대 **공양왕**(1389~1392)

02 왕 계보

조선 (1392~1910)

* 연도: 왕 즉위 연도

즉위 연도	대	왕
1392	1대	태조 (1392~1398)
1398	2대	정종 (1398~1400)
1400	3대	태종 (1400~1418)
1418	4대	세종 (1418~1450)
1450	5대	문종 (1450~1452)
1452	6대	단종 (1452~1455)
1455	7대	세조 (1455~1468)
	8대	예종
1469	9대	성종 (1469~1494)
1494	10대	연산군 (1494~1506)
1506	11대	중종 (1506~1544)
	12대	인종
1545	13대	명종 (1545~1567)
1567	14대	선조 (1567~1608)
1608	15대	광해군 (1608~1623)
1623	16대	인조 (1623~1649)
1649	17대	효종 (1649~1659)
1659	18대	현종 (1659~1674)
1674	19대	숙종 (1674~1720)
1720	20대	경종 (1720~1724)
1724	21대	영조 (1724~1776)
1776	22대	정조 (1776~1800)
1800	23대	순조 (1800~1834)
1834	24대	헌종 (1834~1849)
1849	25대	철종 (1849~1863)
1863	26대	고종 (1863~1907)
1907	27대	순종 (1907~1910)

해커스공무원
이 중 석
맵핑 한국사
연표-사료 블랭크노트

개정 2판 2쇄 발행 2024년 7월 15일

지은이	이중석
펴낸곳	해커스패스
펴낸이	해커스공무원 출판팀
주소	서울특별시 강남구 강남대로 428 해커스공무원
고객센터	1588-4055
교재 관련 문의	gosi@hackerspass.com 해커스공무원 사이트(gosi.Hackers.com) 교재 Q&A 게시판 카카오톡 플러스 친구 [해커스공무원 노량진캠퍼스]
학원 강의 및 동영상강의	gosi.Hackers.com
ISBN	979-11-6662-964-8 (13910)
Serial Number	02-02-01